W0345853

Fleisch *schnell garen* bei Niedertemperatur

Annemarie Wildeisen

Fleisch *schnell garen* bei Niedertemperatur

Kleine Fleischstücke sanft zubereitet

AT Verlag

Dieses Buch ist in freundlicher Zusammenarbeit
mit der Firma Electrolux AG (Schweiz) entstanden.

© 1999
AT Verlag, Aarau, Schweiz
Fotografie: Doris und Robert Wälti-Portner
Rezeptmitarbeit und Fotokochen: Florina Manz
Lithos: AZ Grafische Betriebe AG, Aarau
Druck und Bindearbeiten: Neue Stalling GmbH, Oldenburg
Printed in Germany

ISBN 3-85502-651-3

Inhalt

Vorwort

Im ersten Kochbuch von Annemarie Wildeisen über das sanfte Garen bei Niedertemperatur durfte man sich voll der Behaglichkeit des Kochens nach Grossmutters Art hingeben. Der Erfolg dieses Buches beweist, dass heute das Bedürfnis nach natürlich zubereiteter, bekömmlicher Ernährung stärker ist als der Hang zu trendigen und damit auch vergänglichen Essgewohnheiten und dass man sich gerne wieder auf das Sprichwort vom guten Ding, das Weile haben will, besinnt.

Dass es aber mit dieser gesunden und schonenden Garmethode auch schneller geht, zeigt die Autorin im vorliegenden, wieder in Zusammenarbeit mit Electrolux entstandenen Fortsetzungsband. Im Gegensatz zum ersten Buch mit den vielen festlichen Köstlichkeiten konzentriert sich Annemarie Wildeisen hier auf die Alltagsküche, selbstverständlich in ebenso kreativer Art und Weise. Denn gerade während wir unseren täglichen Aufgaben nachgehen, sollten wir uns mit gesunden Gerichten bei Kräften und mit deren schmackhafter Zubereitung bei Laune halten. Da im Alltag die Zeit für einen grossen Aufwand jedoch fehlt, hat die Autorin die Rezepte so kreiert, dass sie in weniger als einer Stunde auf den Tisch kommen.

Schnelles Garen bei Niedertemperatur ist also nicht nur möglich, sondern auch angenehm, vermittelt es doch ebenso viel Freude wie Wohlbefinden. In diesem Sinne viel Spass beim Zubereiten und guten Appetit beim Geniessen.

Kurt Schläpfer
Direktionspräsident Electrolux Gruppe Schweiz

Kleine Fleischstücke – perfekt gegart

Wie oft habe ich in meinen Kochkursen gehört, dass es für einen Laien das Schwierigste sei, kleine Fleischstücke wie Geschnetzeltes oder Schnitzelchen perfekt zu garen. Das minutenschnelle Braten dieser Fleischstücke verlangt tatsächlich viel Fingerspitzengefühl, denn es kann von Sekunden abhängen, ob das Fleisch noch saftig oder bereits hart ist.

Die Erfahrungen, die ich beim Niedertemperaturgaren mit vielen zarten Fleischstücken machen konnte, liessen den Schluss zu, dass diese Methode wohl auch bei kleinen und kleinsten Fleischstücken zu einem perfekten Resultat führen würde. Der Nachteil lag nur darin, dass das langsame Garen bei 70 bis 80 Grad Zeit braucht – im Widerspruch dazu, dass gerade kleine Fleischstücke besonders in der schnellen Küche beliebt sind, weil sie im Handumdrehen fertig sind. Was also tun? Ausgehend von der Faustregel, die besagt, dass je länger man anbrät, desto kürzer die Nachgarzeit im Ofen ist, begann ich zu experimentieren. Schon bald einmal zeigte sich, dass es sehr wohl möglich war, ein schnelles Fleischgericht auch mit – oder trotz – der Niedertemperatur-Garmethode innerhalb von 20 Minuten bis allerhöchstens einer guten halben Stunde auf den Tisch zu bringen. Allerdings muss man dazu die Reihenfolge der Zubereitung ändern: Das Fleisch wird nicht wie gewohnt am Schluss, also «à la minute» zubereitet, sondern als erstes, damit es Zeit hat, im Ofen wenigstens 15 bis 30 Minuten nachzugaren; anschliessend kann man sich in Ruhe den restlichen Vorbereitungen und der Zubereitung von Sauce, Gemüse und Beilagen widmen, ohne in Stress zu kommen. Alle Gerichte in diesem Buch sind nach dieser Regel zubereitet worden. Auf diese Weise lassen sich aber auch alle anderen bewährten Schnellgerichte aus der Fleischküche an die Niedertemperatur-Garmethode anpassen.

Das Wichtigste: Richtiges Anbraten

Als Faustregel gilt: Je kleiner das Fleischstück, desto heisser, kräftiger und schneller muss es angebraten werden, und zwar nur gerade so lange, bis sich die Fleischporen rundum knapp geschlossen haben. Dabei hat sich in der Praxis gezeigt, dass es am besten ist, das Fleisch während drei Viertel der – zumeist sehr kurzen – Bratzeit auf der ersten Seite zu braten, dann zu wenden und nur noch so lange weiterzubraten, bis die Fleischporen auch auf der zweiten Seite geschlossen sind. Auf diese Weise erhält das Fleisch wenigstens auf einer Seite eine schöne Kruste, ohne dass es dabei zu lange gart.

Geschnetzeltes, Streifen, Würfel und Schnitzelchen werden durchwegs auf höchster Hitzestufe gebraten, da sie höchstens insgesamt 1½–2 Minuten in der Pfanne bleiben. Etwas dickere Stücke wie Medaillons, Koteletts, Pouletbrüstchen usw. brät man 15–20 Sekunden sehr scharf auf höchster Stufe an, ohne dabei das Fleisch zu wenden, und reduziert dann die Hitzezufuhr je nach Dicke des Stückes um eine bis zwei Stufen. Wird in Portionen gebraten, so wird das Bratfett jedes Mal von neuem wieder stark erhitzt, bevor das Fleisch in die Pfanne kommt.

Weil man die kleinen und kleinsten Fleischstücke nur gerade so lange brät, bis sich ihre Poren geschlossen haben, können sie nicht austrocknen und zäh werden. Durch das Ruhenlassen im schwach beheizten Ofen «entspannen» sich die Fleischfasern wieder und der Fleischsaft verteilt sich gleichmässig; dabei gart das Fleisch noch ganz leicht weiter. Das ist auch der Grund dafür, dass man die kleinen Fleischstücke nur gerade kurz vor und nicht auf den Garpunkt brät, bevor man sie im Ofen nachziehen lässt.

Welche Ofentemperatur?

Auch bei kleinen Fleischstücken muss die Umgebungstemperatur im Ofen deutlich unter 90 Grad bleiben, jedoch über 56 Grad liegen, jener Temperatur, bei der Eiweiss langsam zu gerinnen beginnt. Damit die Fleischgerichte, die in diesem Buch vorgestellt werden, keine längeren Nachgarzeiten als ½ Stunde benötigen, haben wir vor allem die etwas grösseren Stücke, wie Medaillons, Koteletts, Entrecôtes doubles usw., im Durchschnitt etwas länger angebraten, als in meinem ersten Buch zum Niedertemperaturgaren «Fleisch sanft garen bei Niedertemperatur» in der Garzeitentabelle vermerkt ist. Alle diese Fleischstücke kann man jedoch auch kürzer anbraten, dafür länger im Ofen nachgaren lassen.

Bei einer Gesamtzubereitungszeit von durchschnittlich 30 Minuten beträgt die ideale Nachgartemperatur für kleinste Fleischstücke wie Geschnetzeltes, Streifen oder Würfel 70 Grad, für grössere Stücke 80 Grad. Sind die übrigen Speisen nach dieser Zeit noch nicht fertiggestellt, kann man die Ofentemperatur auf 60 Grad reduzieren; bei dieser Temperatur wird das Fleisch nur noch warm gehalten. Diese Hitzereduktion erlaubt bei kleinsten Stücken 20–30 Minuten, bei grösseren Stücken bis zu 45 Minuten Verzögerung.

Das A und O: Portionenweise braten

Immer wieder sind Klagen darüber zu hören, dass das Fleisch beim Anbraten sofort Saft zieht. Das liegt nur in den wenigsten Fällen an der Fleischqualität, sondern vor allem daran, dass man zu grosse Portionen auf einmal brät. Als Faustregel kann gelten: Jedes Fleischstück muss so viel Platz in der Pfanne haben, dass allfällig austretender Saft sofort einkochen kann. Zu viel Fleisch in der Pfanne bewirkt zudem einen starken Wärmeverlust am Pfannenboden, so dass aus dem Braten ein Dünsten im eigenen Saft wird.

Was ausserdem zu beachten ist

Traditionelle Kochregeln besagen, dass Fleisch immer erst nach dem Anbraten gewürzt werden darf, da es sonst Saft verliert. Neue Erkenntnisse haben gezeigt, dass es nicht schadet, wenn man das Fleisch unmittelbar vor dem Braten salzt und pfeffert. Danach allerdings muss das Fleisch sofort in die Pfanne gegeben werden, damit das Salz keine Zeit hat, Wasser zu ziehen. Brät man in mehreren Portionen an, so darf nicht alles Fleisch auf einmal gewürzt werden, sondern jede Portion separat erst unmittelbar vor dem Anbraten.

– Der Ofen muss unbedingt auf die im Rezept vermerkte Temperatur vorgeheizt werden. Deshalb vor jeder anderen Küchenarbeit den Ofen aufheizen und gleichzeitig die für das Nachgaren benötigte Platte mitwärmen.

– Auch kleine Fleischstücke dürfen beim Nachgaren auf keinen Fall zugedeckt werden, weder mit Folie noch mit einem Deckel; sonst staut sich die Hitze und kann leicht 80 Grad überschreiten.

– Niemals eine kalte Sauce zu Fleisch servieren, das mit der Niedertemperatur-Garmethode zubereitet wurde. Das Fleisch würde zu stark abkühlen und eine Buttermischung zum Beispiel gar nicht richtig schmelzen.

– Weil man beim Garen mit Niedertemperatur unbedingt auch gut vorgewärmtes Geschirr zum Anrichten verwenden sollte, damit das Fleisch nicht zu stark an Wärme verliert, stellt man am besten die Teller von Anfang an in den Ofen, also gleich beim Vorheizen.

Kleine Fleischstücke im Gasbackofen

Der Gasbackofen ist beim normalen Niedertemperaturgaren eher problematisch, weil die Hitze nur bedingt schwach gehalten werden kann und sie oft im Verlauf der Garzeit zunimmt. Beim kurzen Nachgaren kleiner und kleinster Fleischstücke liegt die Sache etwas anders: Man schaltet den Ofen auf der kleinstmöglichen Temperaturstufe ein, platziert das Gargut im oberen Drittel des Backofenraumes und klemmt einen Kochlöffel in die Ofentüre, um diese einen Spalt weit offen zu halten. Auf diese Weise lässt sich Fleisch problemlos 20–30 Minuten warm halten bzw. nachgaren. Nach dieser Zeitspanne allerdings sollte man das Fleisch servieren, sonst kann es vorkommen, dass die Hitze 90 Grad übersteigt und das Fleisch vollständig durchgart und zäh wird.

Was man über Gewichts- und Flüssigkeitsmasse wissen sollte

Überall dort, wo es auf ein paar Gramm oder Milliliter mehr oder weniger nicht ankommt, habe ich Massangaben in Löffeln gewählt, weil dies am praktischsten ist. Allerdings: Nicht besonders gut geeignet zum Abmessen sind die modernen, eher flachen Löffel. Mein Tip: Zum Abmessen immer den gleichen Löffel verwenden, dann bekommt man auch diese Massangaben schnell in den Griff.

Alle Angaben in den Rezepten beziehen sich – falls nicht anders vermerkt – auf normal grosse Esslöffel oder Teelöffel. Wenn nicht anderes vermerkt, gilt die Menge immer für einen gestrichenen Löffel.

	Esslöffel	Teelöffel
Salz	18 g	6 g
Zucker	12 g	5 g
Mehl	8 g	3 g
Stärkemehl	8 g	3 g
Fett oder Öl	12 g	5 g
Wasser	18 g	6 g

In diesem Buch werden zudem die folgenden europäisch gebräuchlichen Flüssigkeitsmasse verwendet:

25 ml = 1/4 dl		400 ml = 4 dl	
50 ml = 1/2 dl		500 ml = 5 dl	= 1/2 l
100 ml = 1 dl	= 1/10 l	600 ml = 6 dl	
125 ml = 1 1/4 dl	= 1/8 l	700 ml = 7 dl	
150 ml = 1 1/2 dl		750 ml = 7 1/2 dl	= 3/4 l
200 ml = 2 dl	= 1/5 l	800 ml = 8 dl	
250 ml = 2 1/2 dl	= 1/4 l	900 ml = 9 dl	
300 ml = 3 dl		1000 ml = 1 l	

Fleischstück	Braten	Nachgaren	Temperatur
Kalb			
Geschnetzeltes	in mehreren Portionen je 1½–2 Minuten	15–20 Minuten	70 Grad
Schnitzelchen	je nach Dicke insgesamt 1½–2 Minuten	15–20 Minuten	80 Grad
Medaillon, ca. 2 cm dick aus dem Filet geschnitten	insgesamt 3–4 Minuten	20–30 Minuten	80 Grad
Rouladen	rundum 5–6 Minuten	20–30 Minuten	80 Grad
Steak (vom Nierstück)	je nach Dicke insgesamt 3–4 Minuten	20–30 Minuten	80 Grad
Kotelett	je nach Dicke insgesamt 5–6 Minuten	20–30 Minuten	80 Grad
Schwein			
Streifen (aus Schnitzelstück geschnitten)	in mehreren Portionen je 1½–2 Minuten	15–20 Minuten	70 Grad
Schnitzel	je nach Dicke insgesamt 2–3 Minuten	15–20 Minuten	80 Grad
Medaillon, ca. 2 cm dick aus dem Filet geschnitten	insgesamt 3–4 Minuten	20–30 Minuten	80 Grad
Steak (vom Nierstück)	je nach Dicke insgesamt 3–4 Minuten	20–30 Minuten	80 Grad
Kotelett	je nach Dicke insgesamt 5–6 Minuten	30 Minuten	80 Grad
ganzes Filet	je nach Grösse 10–12 Minuten	30 Minuten	80 Grad
Rind			
Streifen (Huft, Hohrücken, Filetspitz)	in mehreren Portionen sehr heiss (!) nur je 1 Minute	15–20 Minuten	70 Grad
Würfel (Huft, Hohrücken, Filetspitz)	in mehreren Portionen je nach Grösse insgesamt 1½–2 Minuten	20–30 Minuten	70 Grad
Huftschnitzel	je nach Dicke insgesamt 1½–2 Minuten	20–30 Minuten	80 Grad
Rumpsteak	je nach Dicke insgesamt 2–3 Minuten	20–30 Minuten	80 Grad
Entrecôte double (300–400 g)	je nach Dicke und Garstufe (blutig oder rosa) rundum 4–6 Minuten	20–30 Minuten	80 Grad
Lamm			
Geschnetzeltes/Streifen (von Filet oder Gigot/Keule)	in mehreren Portionen je 1½–2 Minuten	15–20 Minuten	70 Grad
Würfel (von Filet oder Gigot/Keule)	je nach Grösse insgesamt 1½–2 Minuten	15–20 Minuten	80 Grad
Mini-Filet (von Unterseite des Rückenstücks)	je nach Grösse 2–3 Minute	15–20 Minuten	80 Grad
Medaillon (aus Lammrückenfilet)	je nach Dicke insgesamt 1½–2 Minuten	15–20 Minuten	80 Grad
Chops	je nach Dicke insgesamt 3–4 Minuten	20–30 Minuten	80 Grad
Kotelett	je nach Grösse insgesamt 2–3 Minuten	20–30 Minuten	80 Grad
Rückenfilet (ausgelöstes Karreestück)	je nach Dicke rundum 4–6 Minuten	20–30 Minuten	80 Grad

Fleischstück	Braten	Nachgaren	Temperatur
Poulet			
Geschnetzeltes/Streifen	in mehreren Portionen je 1½–2 Minuten	15–20 Minuten	80 Grad
Würfel (aus der Brust geschnitten)	je nach Grösse rundum 2–3 Minuten	15–20 Minuten	80 Grad
Rouladen (aufgeschnittene, flach geklopfte Brust, gerollt)	je nach Grösse rundum 3–4 Minuten	15–20 Minuten	80 Grad
Brust ganz	bei mittlerer Hitze je nach Grösse 5–8 Minuten	20–30 Minuten	80 Grad
Brust gefüllt	zuerst bei mittlerer, dann bei kleiner Hitze insgesamt etwa 10 Minuten	20–30 Minuten	80 Grad
Truthahn			
Geschnetzeltes/Streifen	in mehreren Portionen je 2–2½ Minuten	15–20 Minuten	80 Grad
Rouladen (aus Schnitzel, flach geklopft, gerollt)	rundum je nach Dicke 3–4 Minuten	15–20 Minuten	80 Grad
Schnitzel	je nach Dicke insgesamt 2–3 Minuten	15–20 Minuten	80 Grad
Ente			
Streifen (aus der Brust geschnitten)	je nach Grösse insgesamt 1½–2 Minuten	15–20 Minuten	70 Grad
Brust ganz	zuerst auf der Fettseite 3 Minuten, dann auf der Fleischseite je nach Dicke 3–4 Minuten	20–30 Minuten	80 Grad
Kaninchen			
Würfel (aus Rückenfilet geschnitten)	je nach Grösse rundum 2–3 Minuten	15–20 Minuten	70 Grad
Röllchen (aus Rückenfilet geschnitten)	je nach Dicke rundum 3–4 Minuten	15–20 Minuten	70 Grad
Rückenfilet ganz	je nach Dicke rundum 3–4 Minuten	15–20 Minuen	70 Grad

Zart und delikat

Im Uhrzeigersinn: Pouletbrüstchen an Ingwer-Safran-Sauce auf Erbsen (Rezept Seite 16), Truthahnschnitzel im Speckmantel auf Lauch (Rezept Seite 27), Szechuan Chili Chicken (Rezept Seite 17)

Pouletbrüstchen an Ingwer-Safran-Sauce auf Erbsen

Für 4 Personen
4–6 Pouletbrüstchen, je nach Grösse
1 Esslöffel Zitronensaft zum Würzen
1 Esslöffel Senf
Salz, schwarzer Pfeffer aus der Mühle
1 Esslöffel Bratbutter
50 ml Noilly Prat (trockener Wermut)
1 Schalotte
1 Esslöffel Butter
¼ l Hühnerbouillon (aus ½ Würfel zubereitet)
250 g Erbsen, frische ausgelöst oder tiefgekühlt
etwa 1 cm frischer Ingwer oder ½ Teelöffel Ingwerpulver
150 ml Doppelrahm
1 Briefchen Safran
1 Teelöffel Zitronensaft für die Sauce

Für 1 Person
1 grosses Pouletbrüstchen
einige Tropfen Zitronensaft zum Würzen
½ Teelöffel Senf
Salz, schwarzer Pfeffer aus der Mühle
1 Teelöffel Bratbutter
2–3 Esslöffel Noilly Prat (trockener Wermut)
1 kleine Schalotte
1 Teelöffel Butter
100 ml Hühnerbouillon (aus ¼ Würfel zubereitet)
100 g Erbsen, frische ausgelöst oder tiefgekühlt
¼ Teelöffel Ingwerpulver
50 ml Doppelrahm
½ Briefchen Safran
einige Tropfen Zitronensaft für die Sauce

◆ Den Backofen auf 80 Grad vorheizen und eine Platte mitwärmen.
◆ Die Pouletbrüstchen mit Zitronensaft beträufeln, beidseitig dünn mit Senf bestreichen und mit Salz sowie Pfeffer würzen.
◆ Die Pouletbrüstchen in der heissen Bratbutter bei mittlerer Hitze je nach Grösse 5–8 Minuten braten. Sofort auf die vorgewärmte Platte geben und im vorgeheizten Ofen bei 80 Grad 20–30 Minuten nachgaren lassen.
◆ Den Bratensatz mit dem Noilly Prat auflösen und durch ein Sieb giessen. Für die Zubereitung der Sauce beiseite stellen.
◆ Die Schalotte fein hacken. In der Butter hellgelb dünsten. Bratenjus und Bouillon dazugiessen. Die Erbsen beifügen und zugedeckt 5–15 Minuten (siehe Tip) garen.
◆ Während die Erbsen garen, den frischen Ingwer, falls verwendet, schälen und fein reiben.
◆ Die Erbsen mit einer Schaumkelle herausheben. Den Sud gut zur Hälfte einkochen lassen. Dann Ingwer, Doppelrahm, Safran und Zitronensaft beifügen und die Sauce noch so lange kochen lassen, bis sie leicht bindet. Mit Salz und Pfeffer abschmecken. Die Erbsen wieder beifügen.
◆ Zum Servieren die Pouletbrüstchen schräg in Scheiben aufschneiden. Auf der Sauce anrichten.

Tip:
Ein Kilo Erbsen in den Schoten ergibt netto noch ungefähr 300 bis 350 Gramm, es bleibt also nur etwa ein Drittel des gekauften Gewichtes übrig. Frische Erbsen haben je nach Reifegrad und Grösse eine Kochzeit von 8–15 Minuten; Tiefkühlerbsen hingegen sind in 5 Minuten gar, da sie bereits blanchiert sind.

Dazu passt:
◆ Trockenreis
◆ Kleine Wildreisröstis (Seite 103)
◆ Neue Kartoffeln mit Frühlingszwiebeln (Seite 100)
◆ Nudeln

Zubereitungsart auch geeignet für:
◆ Kaninchenfilet: Je nach Dicke 3–4 Minuten braten, 15–20 Minuten bei 70 Grad nachgaren.
◆ Lammrückenfilet: Je nach Dicke 4–6 Minuten braten, 20–30 Minuten bei 80 Grad nachgaren.

Szechuan Chili Chicken

Für 4 Personen
4 grosse Pouletbrüstchen (450–500 g)
1 Eiweiss
1 gestrichener Esslöffel Speisestärke (z.B. Maizena)
Salz
Erdnussöl zum Braten
2 rote Peperoni (Paprika)
3 Frühlingszwiebeln
1 Teelöffel Sambal Oelek oder einige Tropfen Tabasco
2 Esslöffel Sojasauce
2 Esslöffel trockener Sherry oder Reiswein
1 Prise Zucker
50 ml Hühnerbouillon (aus 1/4 Würfel zubereitet)
1 Teelöffel Sesamöl
6 getrocknete Chilischoten
80 g Erdnusskerne (ungesalzen)

Für 1 Person
1 grosses Pouletbrüstchen (100–125 g)
1 Esslöffel Eiweiss
1/2 Teelöffel Speisestärke (z.B. Maizena)
Salz
Erdnussöl zum Braten
1/2 rote Peperoni (Paprika)
1 kleinere Frühlingszwiebel
1 gehäufte Messerspitze Sambal Oelek oder einige Tropfen Tabasco
1 knapper Esslöffel Sojasauce
1 knapper Esslöffel trockener Sherry oder Reiswein
1 Prise Zucker
2–3 Esslöffel Hühnerbouillon (aus einem kleinen Stück Hühnerbouillonwürfel zubereitet)
einige Tropfen Sesamöl
1–2 getrocknete Chilischoten, je nach gewünschter Schärfe
20 g Erdnusskerne (ungesalzen)

◆ Die Pouletbrüstchen in grosse Würfel schneiden.
◆ Das Eiweiss mit der Speisestärke und 1 Prise Salz verrühren. Die Pouletwürfel beifügen und mischen. Mindestens 10 Minuten, besser aber etwas länger ziehen lassen.
◆ Den Backofen auf 80 Grad vorheizen und eine Platte mitwärmen.
◆ In einem Wok oder in einer weiten Bratpfanne etwas Erdnussöl erhitzen. Die Pouletwürfel auf Küchenpapier abtropfen lassen. Bei mittlerer Hitze rundum je nach Grösse 2–3 Minuten braten. Sofort auf die vorgewärmte Platte geben und im 80 Grad heissen Ofen 15–20 Minuten nachgaren lassen. Die Pfanne beiseite stellen.
◆ Die Peperoni halbieren, entkernen und in Stücke schneiden. Die Frühlingszwiebeln mitsamt den schönen Teilen der Stängel schräg in Ringe schneiden.
◆ Sambal Oelek oder Tabasco, Sojasauce, Sherry oder Reiswein, Zucker, Bouillon und Sesamöl verrühren.
◆ Kurz vor dem Servieren etwas Erdnussöl in die Pfanne nachgeben und erhitzen. Die Chilischoten so lange rösten, bis sie dunkelbraun sind. Entfernen.
◆ Die Erdnüsschen beifügen und unter Wenden 2 Minuten rösten. Peperoni und Frühlingszwiebeln beifügen und alles weitere 2–3 Minuten braten.
◆ Die vorbereitete Würzsauce darübergeben und 1 Minute mitkochen. Dann die Pouletwürfel dazugeben, alles mischen, zurück auf die Platte geben und sofort servieren.

Tip:
Nach Belieben ausgelöste, eventuell tiefgekühlte Erbsen mitgaren.

Dazu passt:
◆ Trockenreis
◆ Chinesische Eiernudeln

Zubereitungsart auch geeignet für:
◆ Schweinsschnitzel: Fleisch in schmale Streifen schneiden, marinieren, dann in mehreren Portionen je 1 1/2–2 Minuten braten und bei 70 Grad 15–20 Minuten nachgaren lassen.
◆ Rindfleisch: Gut gelagerte Rindshuft oder Filetspitze in gut 1/2 cm dicke Scheiben, dann diese in schmale Streifen schneiden, marinieren. In mehreren Portionen sehr heiss nur gerade 1 Minute braten und 15–20 Minuten bei 70 Grad nachgaren lassen.
◆ Lamm: Lammfilets (die kleinen, gut fingerlangen Stücke des ausgelösten Karrees) oder entbeinte Lammkeule (Gigot) in schmale Streifen schneiden, marinieren, dann in mehreren kleinen Portio-

nen 1½–2 Minuten braten und 15–20 Minuten bei 70 Grad nachgaren lassen.

Gefüllte Pouletbrüstchen an Nusssauce

Für 4 Personen
4 grosse Pouletbrüstchen
Salz, schwarzer Pfeffer aus der Mühle
1 Teelöffel scharfer Senf
1 Boursin nature (ca. 125 g) oder ein anderer Frischkäse
ca. 20 Baumnusskerne (Walnusskerne)
1 Bund Kerbel
1 Knoblauchzehe
1 Esslöffel Bratbutter
150 ml Noilly Prat (trockener Wermut)
150 ml Doppel- oder Vollrahm

Für 1 Person
1 grosses Pouletbrüstchen
Salz, schwarzer Pfeffer aus der Mühle
1 Messerspitze scharfer Senf
¼ Boursin nature (ca. 30 g) oder ein anderer Frischkäse
6 Baumnusskerne (Walnusskerne)
4 Kerbelzweige
½ kleine Knoblauchzehe
½ Esslöffel Bratbutter
50 ml Noilly Prat (trockener Wermut)
50 ml Doppel- oder Vollrahm

◆ Den Backofen auf 80 Grad vorheizen und eine Platte mitwärmen.
◆ Mit einem grossen, scharfen Messer in die Pouletbrüstchen von der dickeren Seite her eine Tasche einschneiden. Innen und aussen mit Salz und Pfeffer würzen und aussen mit Senf einreiben.
◆ Den Boursin mit einer Gabel zerdrücken. Gut die Hälfte der Baumnusskerne und den Kerbel fein hacken, zusammen mit dem durchgepressten Knoblauch sowie etwas frisch gemahlenem Pfeffer zum Frischkäse geben und alles zu einer Paste mischen. Die Pouletbrüstchen damit füllen und mit Hölzchen verschliessen.
◆ Die Bratbutter erhitzen. Die Pouletbrüstchen zuerst auf mittlerer, dann auf kleiner Hitze etwa 10 Minuten braten. Sofort auf die vorgewärmte Platte geben und bei 80 Grad 20–30 Minuten nachgaren lassen.
◆ Den Bratensatz mit Noilly Prat auflösen. Etwa auf einen Drittel bis die Hälfte (50 ml bzw. 25 ml) einkochen lassen. Dann den Rahm beifügen und die Sauce noch so lange kochen lassen, bis sie sämig bindet. Mit Salz und Pfeffer würzen.
◆ Die restlichen Baumnusskerne grob hacken. Erst unmittelbar vor dem Servieren in die heisse Sauce geben (bei längerem Stehenlassen können sie sich bläulich verfärben). Die Sauce über die Pouletbrüstchen geben und sofort servieren.

Dazu passt:
◆ Gebratene Kefen (Seite 103)
◆ Zitronenreis: Abgeriebene Zitronenschale in etwas Butter dünsten, nach Belieben 1–2 Teelöffel Zitronensaft beifügen, dann gekochten Trockenreis untermischen.

Gefüllte Pouletbrüstchen an Nusssauce, dazu gebratene chinesische Kefen, Rezept Seite 103

Pouletröllchen auf Ratatouille mit Basilikumbutter

Für 4 Personen
4 Pouletbrüstchen
Salz, schwarzer Pfeffer aus der Mühle
2–3 Bund Basilikum, je nach Grösse
2–3 Esslöffel Noilly Prat
125 g weiche Butter
50 ml Olivenöl
1 Zucchini
je 1 rote und gelbe Peperoni (Paprika)
2 Tomaten
1 Zwiebel
1 Knoblauchzehe
4 Esslöffel Rahm

Für 1–2 Personen
1 grosses Pouletbrüstchen
Salz, schwarzer Pfeffer
½–¾ Bund Basilikum, je nach Grösse
2 Esslöffel Noilly Prat (trockener Wermut)
30 g weiche Butter
2 Esslöffel Olivenöl
1 kleine Zucchini
1 kleine gelbe Peperoni (Paprika)
1 Tomate
1 kleine Zwiebel
½ kleine Knoblauchzehe
1–2 Esslöffel Rahm

◆ Den Backofen auf 80 Grad vorheizen und eine Platte mitwärmen.
◆ Die Pouletbrüstchen mit einem scharfen Messer der Länge nach waagrecht aufschneiden, jedoch nicht durchschneiden. Aufklappen, die so entstandenen grossen Schnitzel unter Klarsichtfolie legen und mit dem Wallholz dünn klopfen. Mit Salz und Pfeffer würzen. Für die 1-Portionen-Menge das dünn geklopfte Schnitzel der Länge nach halbieren.
◆ Die Basilikumblätter in Streifen schneiden. Mit dem Noilly Prat im Cutter hacken oder mit dem Stabmixer in einem hohen Becher pürieren. Die weiche Butter dazugeben, mit Salz und Pfeffer würzen und alles nochmals kurz durchmixen.
◆ Gut ein Drittel der Basilikumbutter auf zwei Pouletschnitzeln bzw. bei der 1-Portionen-Menge auf dem einen halben Schnitzel ausstreichen, mit je einem Schnitzel bedecken. Die zusammengesetzten Pouletbrüstchen in gut 2 cm breite Streifen schneiden, aufrollen, mit Hölzchen fixieren.
◆ Etwa ein Drittel des Olivenöls erhitzen und die Pouletröllchen darin auf mittlerer Hitze 3–4 Minuten braten. Sofort auf die vorgewärmte Platte geben und bei 80 Grad 15–20 Minuten nachgaren lassen.
◆ Die Zucchini waschen und ungeschält klein würfeln. Die Peperoni halbieren, entkernen und ebenfalls würfeln. Die Tomaten kurz in kochendes Wasser tauchen, schälen, quer halbieren und in Würfel schneiden. Zwiebel und Knoblauch fein hacken.
◆ Das restliche Olivenöl erhitzen. Zwiebel und Knoblauch darin hellgelb dünsten. Zucchini und Peperoni beifügen und unter gelegentlichem Wenden knapp weich dünsten. Dann die Tomatenwürfel beifügen und alles weitere 2–3 Minuten garen. Mit Salz und Pfeffer abschmecken.
◆ Unmittelbar vor dem Servieren die restliche Basilikumbutter aufschäumen lassen. Den Rahm beifügen und die Sauce mit Salz sowie Pfeffer würzen.
◆ Die Pouletröllchen auf dem Ratatouillegemüse anrichten und mit etwas Sauce beträufeln.

Dazu passt:
◆ Rucolarisotto (Seite 104)
◆ Tomaten-Kräuter-Polenta (Seite 106)
◆ Feine Nudeln

Zubereitungsart auch geeignet für:
◆ Lammrückenfilet oder Schweinsfilet: Fleisch nicht aufschneiden, im Olivenöl braten (Lammrückenfilet: je nach Dicke 4–6 Minuten; Schweinsfilet: je nach Grösse 10–12 Minuten), dabei während der letzten Minute ein Viertel der Basilikumbutter neben dem Fleisch aufschäumen lassen und das Filet darin wenden, dann bei 80 Grad 30 Minuten nachgaren lassen. Die restliche Zubereitung bleibt gleich.

Pouletröllchen auf Ratatouille mit Basilikumbutter

Pouletmedaillons an körniger Senfsauce

Für 4 Personen
4 Pouletbrüstchen
Salz, schwarzer Pfeffer aus der Mühle
1½ Bund Petersilie
½ Bund Thymian oder Oregano
je 1 Esslöffel grobkörniger und milder Senf
abgeriebene Schale von ½ Orange
8 dünne, lange Rohess- oder magere Bratspeckscheiben
1 Esslöffel Bratbutter
150 ml Weisswein
¼ l Rahm
2–3 Esslöffel grobkörniger Senf

Für 1 Person
1 Pouletbrüstchen
Salz, schwarzer Pfeffer aus der Mühle
½ Bund Petersilie
3–4 Thymian- oder Oreganozweige
je ½ Teelöffel grobkörniger und milder Senf
nach Belieben wenig abgeriebene Orangenschale
2–3 dünne, lange Rohess- oder magere Bratspeckscheiben
½ Esslöffel Bratbutter
50 ml Weisswein
50 ml Rahm
1 knapper Esslöffel grobkörniger Senf

◆ Den Backofen auf 80 Grad vorheizen und eine Platte mitwärmen.
◆ Die Pouletbrüstchen mit einem grossen, scharfen Messer der Länge nach waagrecht aufschneiden, jedoch nicht durchschneiden (bei der 1-Portionen-Menge durchschneiden!). Aufklappen und die so entstandenen grossen Schnitzel mit dem Wallholz flach klopfen (bei der 1-Portionen-Menge jedes der beiden Schnitzel flach klopfen). Mit Salz und Pfeffer beidseitig leicht würzen.
◆ Gut die Hälfte der Petersilie sowie Thymian oder Oregano fein hacken. Die Kräuter mit den beiden Senfsorten und der abgeriebenen Orangenschale mischen. Die Paste auf zwei der Pouletschnitzel ausstreichen und diese mit je einem weiteren Schnitzel bedecken. Die zusammengesetzten Pouletbrüstchen in gut 2 cm breite Streifen schneiden, aufrollen, mit je einer Speckscheibe umwickeln und mit einem Hölzchen fixieren.
◆ Die Pouletmedaillons in der heissen Bratbutter auf mittlerer Hitze je nach Dicke 3–4 Minuten braten. Sofort auf die vorgewärmte Platte geben und bei 80 Grad 15–20 Minuten nachgaren lassen.
◆ Den Bratensatz mit dem Weisswein aufkochen und zur Hälfte einkochen lassen. Dann den Rahm und den Senf beifügen. Die Sauce noch so lange kochen lassen, bis sie cremig bindet. Die restliche Petersilie fein hacken und am Schluss untermischen. Die Sauce mit Salz und Pfeffer abschmecken.
◆ Die Pouletmedaillons auf vorgewärmte Teller anrichten und mit etwas Sauce umgiessen.

Dazu passt:
◆ Frühlingsgemüse (Seite 101)
◆ Kleine Wildreisröstis (Seite 103)
◆ Neue Kartoffeln mit Frühlingszwiebeln (Seite 100)
◆ Gemüse-Weizotto (Seite 104)
◆ Zucchini im Bierteig (Seite 102)
◆ Bratkartoffeln

Zubereitungsart auch geeignet für:
◆ Kaninchenfilet: Pro Person 1 Filet der Länge nach halbieren, die Hälften flach klopfen, mit Füllung bestreichen, aufrollen und mit je einer Speckscheibe umwickeln. Die Röllchen 3–4 Minuten braten, bei 70 Grad 15–20 Minuten nachgaren.
◆ Truthahnschnitzel: Die Schnitzel flach klopfen, dann die Hälfte mit Kräuterpaste bestreichen, mit je einem Schnitzel bedecken, aufrollen, in breite Streifen schneiden und mit je einer Speckscheibe umwickeln. Die Röllchen je nach Dicke 3–4 Minuten braten, bei 80 Grad 15–20 Minuten nachgaren.

Pouletmedaillons an körniger Senfsauce, dazu Frühlingsgemüse, Rezept Seite 101

Feuilleté mit Poulet-Gemüse-Ragout

Für 4 Personen
Feuilleté:
ca. 200 g Blätterteig
1 Eigelb

Füllung:
100 g in Öl eingelegte Dörrtomaten, abgetropft gewogen
2 Schalotten
400–500 g Pouletbrüstchen
Salz, Pfeffer, edelsüsser Paprika
1 Esslöffel Bratbutter
¼ l Weisswein
150 ml Crème fraîche
1 Esslöffel Senf
4–6 Thymianzweige
2 Stangen Lauch
1 Esslöffel Butter

Für 1 Person
1–2 Pastetchen, je nach Grösse, fertig gebacken (z.B. vom Bäcker)

Füllung:
25 g in Öl eingelegte Dörrtomaten, abgetropft gewogen
1 kleine Schalotte
1 Pouletbrüstchen
Salz, Pfeffer, edelsüsser Paprika
1 Teelöffel Bratbutter
100 ml Weisswein
2–3 Esslöffel Crème fraîche
½ Teelöffel Senf
nach Belieben etwas frische Thymianblättchen
1 kleine Stange Lauch
1 Teelöffel Butter

◆ Den Backofen auf 220 Grad vorheizen.
◆ Für die 1-Portionen-Menge den Ofen auf 80 Grad vorheizen und eine Platte sowie die fertig gekauften Pastetchen mitwärmen.
◆ Für die 4-Portionen-Menge den Blätterteig etwa 4 mm dick auswallen. 4 grosse Dreiecke oder Vierecke ausschneiden. Auf ein kalt abgespültes Blech legen. Sorgfältig mit Eigelb bestreichen; darauf achten, dass die Teigränder nicht mit Ei verkleben, sonst geht das Feuilleté nicht schön auf.
◆ Die Feuilletés im 220 Grad heissen Ofen auf der zweituntersten Rille 12–15 Minuten goldbraun backen. Herausnehmen und die Feuilletés sofort mit einem scharfen Messer waagrecht aufschneiden, so dass je ein Deckel und ein Boden entsteht. Wieder zusammensetzen.
◆ Die Ofenhitze auf 80 Grad reduzieren, die Ofentüre etwa für 5 Minuten öffnen, damit die Hitze rasch absinkt. Eine Platte in den Ofen geben.
◆ Während die Feuilletés backen, die Dörrtomaten in feine Streifchen schneiden. Die Schalotten fein hacken.
◆ Die Pouletbrüstchen in gut 1 cm grosse Würfel schneiden. Mit Salz, Pfeffer und etwas Paprika würzen. In der heissen Bratbutter rundum 2–3 Minuten braten. Sofort auf die vorgewärmte Platte geben und im 80 Grad heissen Ofen 20–30 Minuten nachgaren lassen. Die Feuilletés ebenfalls wieder in den Ofen geben und wärmen.
◆ Im Bratensatz die Dörrtomaten und Schalotten andünsten. Mit dem Weisswein ablöschen und diesen zur Hälfte einkochen lassen. Dann Crème fraîche, Senf sowie Thymianblättchen beifügen und die Sauce mit Salz und Pfeffer abschmecken.
◆ Während die Sauce einkocht, den Lauch waschen und in feine Ringe schneiden. In einer kleinen Pfanne die Butter erhitzen und den Lauch darin unter Wenden 2 Minuten dünsten. Leicht würzen.
◆ Zum Servieren die Pouletwürfel mit der Sauce mischen. Die Feuilletéböden auf vorgewärmte Teller legen. Den Lauch darauf verteilen und das Pouletragout darüber geben. Mit einem Blätterteigdeckel belegen und die Feuilletés sofort servieren.

Tip:
Man kann das Pouletragout auch ohne Feuilletés servieren. In diesem Fall mischt man unmittelbar vor dem Servieren Pouletwürfel und Lauch mit der Sauce. Als Beilage passen Trockenreis oder feine Nudeln.

Feuilleté mit Poulet-Gemüse-Ragout

Zubereitungsart auch geeignet für:
◆ Geschnetzeltes Kalbfleisch: In mehreren kleinen Portionen je 1½–2 Minuten braten und bei 70 Grad 15–20 Minuten nachgaren lassen.
◆ Schweinsfilet: Filet zuerst in Scheiben, dann diese in schmale Streifen schneiden, in mehreren kleinen Portionen je 1½–2 Minuten braten und bei 70 Grad 15–20 Minuten nachgaren lassen.
◆ Rindsfiletspitz oder -huft: Fleisch in 2 cm grosse Würfel schneiden, in mehreren kleinen Portionen sehr heiss je 1–1½ Minuten braten und bei 70 Grad 15–20 Minuten nachgaren lassen.

Pouletbrüstchen Königinnenart

Für 4 Personen
4 Pouletbrüstchen
Salz, schwarzer Pfeffer aus der Mühle
1 Esslöffel Bratbutter
50 ml trockener Sherry
200 g Champignons
1 rote Peperoni (Paprika)
1 Schalotte
1 Esslöffel Butter
100 ml Rahm
2 Eigelb
50 g geriebener Sbrinz oder Parmesan

Für 1 Person
1 Pouletbrüstchen
Salz, schwarzer Pfeffer aus der Mühle
1 Teelöffel Bratbutter
2–3 Esslöffel trockener Sherry
50 g Champignons
½ kleine rote Peperoni (Paprika)
½ kleine Schalotte
½ Esslöffel Butter
50 ml Rahm
1 Esslöffel geriebener Sbrinz oder Parmesan

◆ Den Ofen auf 80 Grad vorheizen und eine Platte mitwärmen.
◆ Die Pouletbrüstchen mit Salz und Pfeffer würzen. In der heissen Bratbutter auf mittlerer Hitze je nach Grösse 5–8 Minuten braten. Sofort auf die vorgewärmte Platte geben und im 80 Grad heissen Ofen 20–30 Minuten nachgaren lassen.
◆ Den Bratensatz mit dem Sherry auflösen und beiseite stellen.
◆ Die Champignons rüsten und in Scheiben schneiden. Die Peperoni halbieren, entkernen und klein würfeln. Die Schalotte sehr fein hacken. Alle diese Zutaten in der Butter unter Wenden 5 Minuten dünsten. Den Rahm dazugiessen und noch kurz kochen lassen. Mit Salz und Pfeffer würzen. Beiseite stellen.
◆ Vor dem Servieren den Bratenjus mit Eigelb und Sbrinz oder Parmesan verrühren (bei der 1-Portionen-Menge ohne Eigelb, dafür den Rahm am Gemüse etwas stärker einkochen lassen). Die Gemüsesauce nochmals aufkochen. Etwas heisse Saucenflüssigkeit zur Ei-Käse-Mischung geben, dann diese in die Sauce rühren; nicht mehr kochen, sondern nur noch gut heiss werden lassen. Die Sauce abschmecken und über die Pouletbrüstchen geben.

Dazu passt:
◆ Kleine Wildreisröstis (Seite 103)
◆ Rucolarisotto (Seite 104)
◆ Zucchini-Kartoffel-Küchlein (Seite 100)
◆ In der Schale gebratene kleine Kartoffeln

Zubereitungsart auch geeignet für:
◆ Kalbsschnitzel: Je nach Dicke 1½–2 Minuten braten (eventuell in mehreren Portionen) und bei 80 Grad 15–20 Minuten nachgaren lassen.
◆ Schweinsfilet: Fleisch in etwa 2 cm dicke Medaillons schneiden, 3–4 Minuten braten und bei 80 Grad 20–30 Minuten nachgaren lassen.

Truthahnschnitzel im Speckmantel auf Lauch

Für 4 Personen
4 Truthahnschnitzel
Salz, Pfeffer, Paprika
4 kleine Rosmarinzweige
8 lange, dünn geschnittene Bratspecktranchen
1 Esslöffel Bratbutter
75 ml roter Portwein
30 g Butter

Lauchgemüse:
4 Lauchstängel
1 Schalotte oder kleine Zwiebel
1 Esslöffel Butter
2–3 Esslöffel Noilly Prat (trockener Wermut)
75 ml Weisswein
½ Hühnerbouillonwürfel
1 Teelöffel Mehl
100 ml Rahm
Salz, Pfeffer

Für 1 Person
1 Truthahnschnitzel
Salz, Pfeffer, Paprika
1 kleiner Rosmarinzweig
2 lange, dünn geschnittene Bratspecktranchen
½ Esslöffel Bratbutter
2–3 Esslöffel roter Portwein
1 Teelöffel Butter

Lauchgemüse:
1 Lauchstängel
½ kleine Zwiebel oder Schalotte
½ Esslöffel Butter
1 Esslöffel Noilly Prat (trockener Wermut)
3–4 Esslöffel Weisswein
¼ Hühnerbouillonwürfel
gut ¼ Teelöffel Mehl
3–4 Esslöffel Rahm
Salz, Pfeffer

◆ Den Backofen auf 80 Grad vorheizen und eine Platte mitwärmen.
◆ Die Truthahnschnitzel einmal quer halbieren. Beidseitig mit Salz, Pfeffer und Paprika würzen. Je ½ Zweig Rosmarin darauf geben und mit einer Specktranche umlegen. Nach Belieben mit einem Hölzchen fixieren.
◆ Die Truthahnschnitzel in der heissen Bratbutter 2–3 Minuten braten. Sofort auf die vorgewärmte Platte geben und im 80 Grad heissen Ofen 15–20 Minuten nachgaren lassen.
◆ Den Bratensatz mit dem Portwein auflösen und kurz kochen lassen. Dann die Butter beifügen und darunter ziehen. Den Jus beiseite stellen.
◆ Inzwischen den Lauch waschen und in Ringe schneiden.
◆ Schalotte oder Zwiebel fein hacken und in der Butter andünsten.
◆ Den Lauch beifügen und kurz mitdünsten. Noilly Prat, Weisswein und Bouillonwürfel beifügen. Das Gemüse zugedeckt etwa 5 Minuten dünsten.
◆ Das Mehl mit wenig Wasser anrühren, dann mit dem Rahm mischen. Zum Lauchgemüse geben, aufkochen, 2–3 Minuten leise kochen lassen, dann mit Salz und Pfeffer abschmecken.
◆ Den Bratenjus nochmals aufkochen. Das Lauchgemüse auf vorgewärmten Tellern anrichten, je zwei Schnitzel darauf geben und mit etwas Jus beträufeln.

Tip:
Anstelle des Lauchgemüses kann man die Truthahnschnitzel auch auf gedünstetem Spinat anrichten.

Dazu passt:
◆ Salzkartoffeln
◆ Trockenreis

Zubereitungsart auch geeignet für:
◆ Schweinsschnitzel: Gleiche Brat- und Nachgarzeit wie Truthahnschnitzel.
◆ Schweinsfilet: In etwa 2 cm dicke Medaillons schneiden, auf die gleiche Art belegen wie die Truthahnschnitzel, 3–4 Minuten braten und bei 80 Grad 20–30 Minuten nachgaren.

Entenbruststreifen an Honig-Balsamico-Sauce

Für 4 Personen
3–4 Entenbrüstchen, je nach Grösse (ca. 600 g)
1½ Esslöffel Honig
5 Esslöffel Balsamicoessig
250 g Champignons
50 g luftgetrockneter Speck oder Pancetta
6 Knoblauchzehen
1 grosser Rosmarinzweig
Salz, schwarzer Pfeffer aus der Mühle
2–3 Esslöffel Olivenöl
150 ml Weisswein
1 gehäufter Esslöffel Butter

Für 1 Person
1 Entenbrüstchen
½ Esslöffel Honig
2 Esslöffel Balsamicoessig
100 g Champignons
2–3 dünne Scheiben luftgetrockneter Speck oder Pancetta
2 Knoblauchzehen
1 kleiner Rosmarinzweig
Salz, schwarzer Pfeffer aus der Mühle
1–2 Esslöffel Olivenöl
50 ml Weisswein
1 Teelöffel Butter

◆ Den Backofen auf 70 Grad vorheizen und eine Platte mitwärmen.
◆ Die Haut und Fettschicht der Entenbrüstchen entfernen und das Fleisch in kleinfingergrosse Streifen schneiden.
◆ Honig und Balsamicoessig verrühren. Die Entenbruststreifen etwa 10 Minuten darin marinieren.
◆ Inzwischen die Champignons rüsten und je nach Grösse halbieren oder vierteln. Den Speck oder Pancetta in Streifchen, den Knoblauch in Scheibchen schneiden. Die Rosmarinnadeln vom Zweig streifen.
◆ Die Entenbruststreifen gut abtropfen lassen, restliche Marinade beiseite stellen. Das Fleisch mit Salz und Pfeffer würzen. Im heissen Olivenöl 1½–2 Minuten braten. Sofort auf die vorgewärmte Platte geben und bei 70 Grad 15–20 Minuten nachgaren lassen.
◆ Im Bratensatz den Speck oder Pancetta leicht anrösten. Champignons, Knoblauch und Rosmarin beifügen und kurz mitbraten. Mit dem Weisswein sowie der Marinade ablöschen. So lange einkochen lassen, bis noch etwa 50 ml Flüssigkeit übrig sind.
◆ Am Schluss die Butter in die leicht kochende Sauce geben und diese mit Pfeffer sowie, wenn nötig, mit etwas Salz abschmecken. Über die Entenbruststreifen geben und diese sofort servieren.

Dazu passt:
◆ Ausgebackene Tomaten (Seite 102)
◆ Zucchini im Bierteig (Seite 102)
◆ Neue Kartoffeln mit Frühlingszwiebeln (Seite 100)
◆ Tomaten-Kräuter-Polenta (Seite 106)
◆ Italienisches Kartoffelpüree (Seite 105)

Zubereitungsart auch geeignet für:
◆ Lamm: Lammfilets (die kleinen, gut fingerlangen Stücke des ausgelösten Karrees) oder entbeinte Lammkeule (Gigot) in schmale Streifen schneiden und auf die gleiche Art wie die Entenbruststreifen zubereiten.
◆ Pouletbrüstchen: Brüstchen in grosse Würfel schneiden, marinieren, 2–3 Minuten braten und bei 80 Grad 15–20 Minuten nachgaren lassen.

Oben: Entenbruststreifen an Honig-Balsamico-Sauce, dazu ausgebackene Tomaten, Rezept Seite 102
Unten: Pouletbrüstchen Königinnenart, Rezept Seite 26, dazu kleine Wildreisröstis, Rezept Seite 103

Kaninchenfilets an Oliven-Madeira-Sauce

Für 4 Personen
1 Schalotte
1 Knoblauchzehe
4–6 Kaninchenfilets, je nach Grösse
Salz, schwarzer Pfeffer aus der Mühle
2 Esslöffel Olivenöl
1 Esslöffel Butter
50 g gehackte Dosentomaten (Pelati)
1 Teelöffel Tomatenpüree
150 ml Madeira
150 ml kräftiger Rotwein
10 schwarze Oliven
½ Bund Estragon
40 g Butter

Für 1 Person
1 kleine Schalotte
1 kleine Knoblauchzehe
1–2 Kaninchenfilets, je nach Grösse
Salz, schwarzer Pfeffer aus der Mühle
1 Esslöffel Olivenöl
1 Teelöffel Butter
1 gehäufter Esslöffel gehackte Dosentomaten (Pelati)
½ Teelöffel Tomatenpüree
50 ml Madeira
100 ml kräftiger Rotwein
2–3 schwarze Oliven
2 Estragonzweige
1 Teelöffel Butter

◆ Den Backofen auf 70 Grad vorheizen und eine Platte mitwärmen.
◆ Schalotte und Knoblauch sehr fein hacken.
◆ Die Kaninchenfilets mit Salz und Pfeffer würzen. Olivenöl und Butter erhitzen. Die Kaninchenfilets darin je nach Grösse 3–4 Minuten braten. Sofort auf die vorgewärmte Platte geben und im 70 Grad heissen Ofen 15–20 Minuten nachgaren lassen.
◆ Im Bratensatz Schalotte und Knoblauch andünsten. Gehackte Tomaten sowie Tomatenpüree beifügen und kurz mitdünsten. Mit dem Madeira und Rotwein ablöschen. Gut zur Hälfte einkochen lassen.
◆ Inzwischen die Oliven, wenn nötig, entsteinen und in Streifchen oder Würfelchen schneiden. Den Estragon fein hacken.
◆ Kurz vor dem Servieren Oliven und Estragon in die Sauce geben. Die Butter flockenweise beifügen und in die leicht kochende Sauce einziehen lassen. Mit Salz und Pfeffer abschmecken.
◆ Die Kaninchenfilets schräg in Scheiben aufschneiden, auf vorgewärmten Tellern anrichten und mit etwas Sauce überziehen.

Dazu passt:
◆ Zucchini im Bierteig (Seite 102)
◆ Rucolarisotto (Seite 104)
◆ Italienisches Kartoffelpüree (Seite 105)
◆ Teigwaren

Zubereitungsart auch geeignet für:
◆ Pouletbrüstchen: Auf mittlerer Hitze je nach Grösse 5–8 Minuten braten und bei 80 Grad 20–30 Minuten nachgaren lassen.
◆ Kalbsschnitzelchen: Je nach Dicke 1½–2 Minuten braten und bei 80 Grad 15–20 Minuten nachgaren lassen.
◆ Lammrückenfilets: Je nach Dicke 4–6 Minuten braten und bei 80 Grad 20–30 Minuten nachgaren lassen.

Kaninchenfilets an Oliven-Madeira-Sauce, dazu Zucchini im Bierteig, Rezept Seite 102

Kaninchen Stroganoff

Für 4 Personen
500 g Kaninchenfilets
1 grosse rote Peperoni (Paprika)
1 grosse Gewürzgurke
1 Zwiebel
Salz, schwarzer Pfeffer aus der Mühle
1 Esslöffel Bratbutter für das Fleisch
2 Esslöffel edelsüsser Paprika
50 ml Noilly Prat (trockener Wermut)
100 ml Weisswein
100 ml Hühnerbouillon
200 ml Crème fraîche
1 grosse Kartoffel
2 Esslöffel Bratbutter für die Kartoffel
½ Bund Petersilie

Für 1 Person
125–150 g Kaninchenfilets
½ kleine rote Peperoni (Paprika)
1 kleine Gewürzgurke
1 kleine Zwiebel
Salz, schwarzer Pfeffer
½ Esslöffel Bratbutter für das Fleisch
1 Teelöffel edelsüsser Paprika
2–3 Esslöffel Noilly Prat (trockener Wermut)
50 ml Weisswein
50 ml Crème fraîche
1 Kartoffel
1 Esslöffel Bratbutter für die Kartoffel
2 Petersilienzweige

◆ Den Backofen auf 70 Grad vorheizen und eine Platte mitwärmen.
◆ Die Kaninchenfilets in grosse Würfel schneiden.
◆ Die Peperoni halbieren, entkernen und die weissen Rippen wegschneiden. Die Peperoni in etwa 2 cm lange, schmale Streifen schneiden. Die Gewürzgurke in zündholzgrosse Streifchen schneiden. Die Zwiebel fein hacken.
◆ Die Fleischwürfel mit Salz und Pfeffer würzen. In der heissen Bratbutter portionenweise je nach Dicke 2–3 Minuten braten. Sofort auf die vorgewärmte Platte geben und bei 70 Grad 15–20 Minuten nachgaren lassen.
◆ Die Hitze kleiner stellen. Im Bratensatz die Zwiebel hellgelb dünsten. Paprika darüber streuen und kurz mitdünsten. Peperoni und Gewürzgurke beifügen. Mit Noilly Prat und Weisswein ablöschen und gut zur Hälfte einkochen lassen. Dann für die 4-Portionen-Menge die Bouillon beifügen und nochmals leicht einkochen lassen.
◆ Die Crème fraîche mit etwas heisser Saucenflüssigkeit verrühren und darunter ziehen. Die Sauce noch so lange kochen lassen, bis sie cremig bindet. Mit Salz und Pfeffer abschmecken.
◆ Während die Sauce kocht, die Kartoffel schälen und in zündholzgrosse Streifchen schneiden. In einer beschichteten Bratpfanne in der zweiten Portion Bratbutter knusprig braten.
◆ Die Petersilie fein hacken.
◆ Zum Servieren die Sauce über die Fleischwürfel geben. Mit den Kartoffelstreifchen und der Petersilie bestreuen.

Dazu passt:
◆ Rucolarisotto (Seite 104)
◆ Feine Nudeln
◆ Trocken- oder Camarguereis

Zubereitungsart auch geeignet für:
◆ Pouletbrüstchen: Gleiche Zubereitung wie Kaninchenfilets, jedoch bei 80 Grad nachgaren lassen.
◆ Kalbsgeschnetzeltes: Fleisch in mehreren Portionen je 1½–2 Minuten braten und bei 70 Grad 15–20 Minuten nachgaren lassen.
◆ Rindshuft oder Rindsfiletspitz: Fleisch in Würfel schneiden, in mehreren Portionen je 1–1½ Minuten kräftig anbraten und bei 70 Grad 20–30 Minuten nachgaren lassen.
◆ Schweinsfilet: Fleisch zuerst in etwa 1 cm dicke Scheiben, dann diese in schmale Streifen schneiden, in mehreren Portionen je nach Dicke 1½–2 Minuten braten und bei 70 Grad 15–20 Minuten nachgaren lassen.

Kaninchen Stroganoff

Fein und vielfältig

Oben: Kalbfleischrouladen mit Lattich und Pilzen, Rezept Seite 39, dazu Gemüse-Weizotto, Rezept Seite 104
Unten: Geschnetzeltes Kalbfleisch an Lauch-Tomaten-Sauce, Rezept Seite 38

Kalbssteak nach Art des Pizzabäckers

Für 4 Personen
4 Kalbssteaks, je ca. 125 g schwer
Salz, schwarzer Pfeffer aus der Mühle
2–3 Esslöffel Olivenöl für das Fleisch
4–5 Knoblauchzehen
4 Esslöffel Olivenöl für die Sauce
400 g gehackte Dosentomaten (Pelati)
1 Esslöffel Tomatenpüree
4 Oreganozweige
½ Bund Petersilie
12 schwarze Oliven

Für 1 Person
1 Kalbssteak, ca. 125 g schwer
Salz, schwarzer Pfeffer aus der Mühle
1–2 Esslöffel Olivenöl für das Fleisch
1 grosse Knoblauchzehe
2 Esslöffel Olivenöl für die Sauce
200 g gehackte Dosentomaten (Pelati)
1 Teelöffel Tomatenpüree
etwas frischer oder getrockneter Oregano
¼ Bund Petersilie
3 schwarze Oliven

◆ Den Backofen auf 80 Grad vorheizen und eine Platte mitwärmen.
◆ Die Kalbssteaks beidseitig mit Salz und Pfeffer würzen. Im heissen Olivenöl je nach Dicke 3–4 Minuten braten. Sofort auf die vorgewärmte Platte geben und im 80 Grad heissen Ofen 20–30 Minuten nachgaren lassen.
◆ Den Knoblauch in dünne Stifte schneiden. In der zweiten Portion Olivenöl hellgelb dünsten. Die gehackten Tomaten sowie das Tomatenpüree beifügen und die Sauce mit Salz und Pfeffer würzen. Auf kleiner bis mittlerer Hitze 15 Minuten zu einer dicken Sauce einkochen lassen.
◆ Oregano und Petersilie fein hacken. Gegen Schluss der Garzeit mit den Oliven in die Sauce geben.
◆ Die Kalbssteaks quer zur Fleischfaser in Scheiben aufschneiden und auf der Tomatensauce anrichten.

Dazu passt:
◆ Zucchini-Kartoffel-Küchlein (Seite 100)
◆ Zucchini im Bierteig (Seite 102)
◆ Neue Kartoffeln mit Frühlingszwiebeln (Seite 100)
◆ Safrannudeln mit Broccoli und Peperoncino (Seite 105)
◆ Gemüse-Weizotto (Seite 104)
◆ Rucolarisotto (Seite 104)

Zubereitungsart auch geeignet für:
◆ Kalbsschnitzel: Je nach Dicke 1½–2 Minuten braten und bei 80 Grad 15–20 Minuten nachgaren lassen.
◆ Kalbs- oder Schweinskotelett: Je nach Dicke 5–6 Minuten braten und bei 80 Grad 30 Minuten nachgaren lassen.
◆ Rindshuft: Fleisch in höchstens ½ cm dicke Schnitzel schneiden, 1½–2 Minuten braten und bei 80 Grad 20–30 Minuten nachgaren lassen.
◆ Schweinsfilet: Fleisch in etwa 2 cm dicke Medaillons schneiden, etwas flach drücken, je nach Dicke 3–4 Minuten braten und bei 80 Grad 20–30 Minuten nachgaren lassen.
◆ Pouletbrüstchen: Auf mittlerer Hitze je nach Grösse 5–8 Minuten braten und bei 80 Grad 20–30 Minuten nachgaren lassen.
◆ Lamm: Koteletts je nach Grösse und Dicke 2–3 Minuten, Chops 3–4 Minuten braten und bei 80 Grad 20–30 Minuten nachgaren lassen.

Kalbssteak nach Art des Pizzabäckers

Geschnetzeltes Kalbfleisch an Lauch-Tomaten-Sauce

Für 4 Personen
500 g geschnetzeltes Kalbfleisch
Salz, schwarzer Pfeffer aus der Mühle
wenig Mehl zum Bestäuben
2 Esslöffel Bratbutter
50 ml Noilly Prat (trockener Wermut) oder Weisswein
250 g Lauch
1 Zwiebel
1 Knoblauchzehe
1½ Esslöffel Butter
1 gehäufter Teelöffel Tomatenpüree
100 ml Kalbsfond oder Hühnerbouillon
150 ml Crème fraîche
100 ml Rahm
400 g Dosentomaten (Pelati)

Für 1 Person
125–150 g geschnetzeltes Kalbfleisch
Salz, schwarzer Pfeffer aus der Mühle
wenig Mehl zum Bestäuben
½ Esslöffel Bratbutter
50 ml Noilly Prat (trockener Wermut) oder Weisswein
100 g Lauch
1 kleine Zwiebel
1 kleine Knoblauchzehe
½ Esslöffel Butter
½ Teelöffel Tomatenpüree
3 Esslöffel Crème fraîche
2 Esslöffel Rahm
200 g Dosentomaten (Pelati)

◆ Den Backofen auf 70 Grad vorheizen und eine Platte mitwärmen.
◆ Das Geschnetzelte mit Salz und Pfeffer würzen. Wenig Mehl in ein kleines Sieb geben und das Fleisch damit fein bestäuben.
◆ Eine Bratpfanne trocken stark erhitzen. Die Hälfte der Bratbutter hineingeben und schmelzen. Die Hälfte des Geschnetzelten beifügen und ohne Wenden auf der ersten Seite gut 1 Minute braten. Dann das Fleisch auf der zweiten Seite nur noch ½ Minute weiterbraten. Sofort auf die vorgewärmte Platte im vorgeheizten Ofen geben. Die restliche Bratbutter erhitzen und die zweite Portion Fleisch darin auf die gleiche Weise braten. Das Geschnetzelte bei 70 Grad 15–20 Minuten nachgaren lassen.
◆ Den Bratensatz mit Noilly Prat oder Weisswein auflösen. Durch ein Sieb giessen und beiseite stellen.
◆ Den Lauch waschen und in feine Ringe schneiden. Zwiebel und Knoblauch fein hacken.
◆ Die Hälfte der Butter schmelzen und den Lauch darin 3–4 Minuten knapp weich dünsten. Mit Salz und Pfeffer würzen. Aus der Pfanne nehmen.
◆ Im Bratensatz die restliche Butter schmelzen. Zwiebel und Knoblauch darin hellgelb dünsten. Das Tomatenpüree beifügen und kurz mitrösten. Mit dem beiseite gestellten Bratenjus sowie dem Fond oder der Bouillon (bei der 1-Portionen-Menge weggelassen) ablöschen und etwa zur Hälfte einkochen lassen.
◆ Crème fraîche und Rahm miteinander verrühren. Zur Saucenflüssigkeit geben und alles noch so lange kochen lassen, bis die Sauce leicht bindet. Mit Salz und Pfeffer abschmecken.
◆ Die Tomaten in ein Sieb abschütten (Saft für Suppe oder eine andere Sauce verwenden), halbieren, entkernen und würfeln. Zusammen mit dem Lauch in die Sauce geben und noch einmal aufkochen. Wenn nötig nachwürzen. Das Geschnetzelte beifügen und sofort servieren.

Tip:
Vom Metzger von Hand geschnittenes Geschnetzeltes ist wesentlich zarter, als wenn es durch die Maschine getrieben wurde.

Dazu passt:
◆ Tomaten-Kräuter-Polenta (Seite 106)
◆ Italienisches Kartoffelpüree (Seite 105)
◆ Teigwaren
◆ Trockenreis
◆ Weissweinrisotto

Zubereitungsart auch geeignet für:
◆ Pouletbrüstchen: Fleisch in Würfel schneiden, in mehreren Portionen je 2–3 Minuten braten und bei 80 Grad 20–30 Minuten nachgaren lassen.
◆ Schweinsfilet: Fleisch in schmale Streifen schneiden, dann wie im Rezept beschrieben braten und nachgaren lassen.

◆ Truthahn: Schnitzel in Streifen schneiden, je nach Dicke in mehreren Portionen je 2–2½ Minuten braten und bei 70 Grad 15–20 Minuten nachgaren lassen.
◆ Lamm: Die kleinen Filets (von der Unterseite des Karrees) oder entbeinte Keule (Gigot) in schmale Streifen schneiden, in mehreren Portionen je 1½–2 Minuten braten und bei 70 Grad 15–20 Minuten nachgaren lassen.

Kalbfleischrouladen mit Lattich und Pilzen

Für 4 Personen
200 g Champignons
2 Schalotten
1 Esslöffel Butter
Salz, schwarzer Pfeffer aus der Mühle
4 grosse Lattichblätter
25 g Pinienkerne
1 Esslöffel Crème fraîche oder Mascarpone für die Füllung
4 grosse, möglichst dünn geschnittene Kalbsplätzchen
1 Esslöffel Bratbutter
100 ml Weisswein
100 ml Crème fraîche oder Mascarpone für die Sauce

Für 1 Person
50 g Champignons
1 kleine Schalotte
1 Teelöffel Butter
Salz, schwarzer Pfeffer aus der Mühle
2 Lattichblätter
1 Esslöffel Pinienkerne
1 Teelöffel Crème fraîche oder Mascarpone für die Füllung
2 möglichst dünn geschnittene Kalbsplätzchen
½ Esslöffel Bratbutter
50 ml Weisswein
2 Esslöffel Crème fraîche oder Mascarpone für die Sauce

◆ Die Champignons rüsten, in Scheiben schneiden, dann fein hacken.
◆ Die Schalotten fein hacken. In der warmen Butter hellgelb dünsten.
◆ Die Hitze höher stellen. Die Champignons beifügen. Unter Wenden 3–4 Minuten dünsten; ziehen die Pilze Saft, diesen vollständig verdampfen lassen. Am Schluss mit Salz und Pfeffer würzen. Auskühlen lassen.
◆ Reichlich Salzwasser aufkochen. Die Lattichblätter hineingeben und 1 Minute blanchieren. Sorgfältig herausheben und sofort kalt abschrecken. Auf einem Küchentuch auslegen; den untersten Teil der groben Mittelrippe mit einer Schere herausschneiden.
◆ Die Pinienkerne in einer trockenen Pfanne ohne Fettzugabe leicht rösten. Zur Pilzmasse geben. Crème fraîche oder Mascarpone untermischen. Die Masse abschmecken.
◆ Die Kalbsplätzchen auf der Arbeitsfläche auslegen und, wenn nötig, mit dem Wallholz unter Klarsichtfolie noch etwas dünner klopfen. Mit Salz und Pfeffer würzen. Mit je einem Lattichblatt belegen und darauf 1 Esslöffel Füllung ausstreichen. Restliche Füllung beiseite stellen.
◆ Die belegten Fleischplätzchen aufrollen und mit Küchenschnur binden oder mit Hölzchen fixieren.
◆ Den Backofen auf 80 Grad vorheizen und eine Platte mitwärmen.
◆ Die Bratbutter erhitzen. Die Kalbsröllchen rundum auf mittlerer Hitze 5–6 Minuten braten. Auf die vorgewärmte Platte geben und im 80 Grad heissen Ofen 20–30 Minuten nachgaren lassen.
◆ Den Bratensatz mit dem Weisswein auflösen und gut zur Hälfte einkochen lassen. Dann die restliche Pilzfüllung und die Crème fraîche oder den Mascarpone beifügen. Die Sauce noch so lange kochen lassen, bis sie cremig bindet. Mit Salz und Pfeffer abschmecken. Vor dem Servieren kochend heiss über die Kalbfleischrouladen geben.

Dazu passt:
◆ Gemüse-Weizotto (Seite 104)
◆ Italienisches Kartoffelpüree (Seite 105)
◆ Kleine Wildreisröstis (Seite 103)
◆ Safrannudeln mit Broccoli und Peperoncino (Seite 105)
◆ Neue Kartoffeln mit Frühlingszwiebeln (Seite 100)
◆ Rucolarisotto (Seite 104)

Zubereitungsart auch geeignet für:

◆ Pouletbrüstchen: Die Brüstchen mit einem grossen, scharfen Messer waagrecht auf-, aber nicht durchschneiden. Unter Klarsichtfolie mit dem Wallholz oder Fleischklopfer sorgfältig dünn klopfen. Nach Rezept weiterfahren.

Kalbsmedaillons Gärtnerinnenart

Für 4 Personen

4–8 Kalbsmedaillons, je nach Grösse, je ca. 2 cm dick aus dem Filet geschnitten
Salz, schwarzer Pfeffer aus der Mühle
1 Esslöffel Bratbutter
100 ml weisser Portwein oder trockener Sherry
100 ml Weisswein
100 ml Kalbsfond oder ersatzweise 50 ml Wasser mit ½ Teelöffel Fleischextrakt
1 grosse Karotte
1 Stück Knollensellerie (in der Grösse der Karotte)
2 kleine Frühlingszwiebeln mit Grün
1 Esslöffel Butter
200 ml Rahm
1 Bund Schnittlauch

Für 1 Person

1–2 Kalbsmedaillons, je nach Grösse, ca. 2 cm dick aus dem Filet geschnitten
Salz, schwarzer Pfeffer aus der Mühle
1 Teelöffel Bratbutter
50 ml weisser Portwein oder trockener Sherry
50 ml Weisswein
2–3 Esslöffel Wasser
½ Teelöffel Fleischextrakt
1 kleine Karotte
1 kleines Stück Knollensellerie (in der Grösse der Karotte)
1 kleine Schalotte
½ Esslöffel Butter
50 ml Rahm
¼ Bund Schnittlauch

◆ Den Backofen auf 80 Grad vorheizen und eine Platte mitwärmen.
◆ Die Kalbsmedaillons beidseitig mit Salz und Pfeffer würzen. In der heissen Bratbutter 3–4 Minuten braten. Sofort auf die vorgewärmte Platte geben und im 80 Grad heissen Ofen 20–30 Minuten nachgaren lassen.
◆ Den Bratensatz mit 2–3 Esslöffeln Wasser auflösen und in ein kleines Pfännchen geben. Portwein oder Sherry, Weisswein, Kalbsfond (nur für die 4-Portionen-Menge) oder Wasser und Fleischextrakt beifügen und
alles auf knapp 100 ml einkochen lassen (die 1-Portionen-Menge auf etwa 3 Esslöffel).
◆ Karotte, Sellerie und Frühlingszwiebeln mitsamt Grün oder Schalotte (1-Portionen-Menge) schälen und in kleine Würfelchen schneiden. In der Butter andünsten. Mit der eingekochten Flüssigkeit ablöschen. Den Rahm beifügen. Alles noch so lange kochen lassen, bis die Sauce leicht cremig bindet. Mit Salz und Pfeffer abschmecken.
◆ Den Schnittlauch in Röllchen schneiden.
◆ Nach Belieben die Medaillons wie ein Entrecôte double quer zur Faser in Scheiben schneiden, auf vorgewärmte Teller anrichten und mit Sauce umgiessen. Mit Schnittlauch bestreuen.

Dazu passt:

◆ Neue Kartoffeln mit Frühlingszwiebeln (Seite 100)
◆ Feine Nudeln
◆ Bratkartoffeln oder kleine, in der Schale gebratene Kartoffeln

Zubereitungsart auch geeignet für:

◆ Kalbssteak: Je nach Dicke 3–4 Minuten braten und bei 80 Grad 20–30 Minuten nachgaren lassen. Zum Servieren quer zur Faser in Tranchen schneiden.
◆ Schweinsfiletmedaillons: Gleiche Zubereitung und Zeiten wie Kalbsmedaillons.
◆ Pouletbrüstchen: Je nach Fleischdicke 5–8 Minuten braten und bei 80 Grad 20–30 Minuten nachgaren lassen.
◆ Kaninchenfilet: 3–4 Minuten braten und bei 70 Grad 15–20 Minuten nachgaren lassen.

Kalbsmedaillons Gärtnerinnenart

Kalbsmedaillons mit Morcheln auf Kresseschaum

Für 4 Personen
150 g frische oder ca. 15 g getrocknete Morcheln
1 Bund Frühlingszwiebeln
80 g Gartenkresse
4–8 Kalbsmedaillons, je nach Grösse, je ca. 2 cm dick aus dem Filet geschnitten
Salz, schwarzer Pfeffer aus der Mühle
1 Esslöffel Bratbutter
100 ml Weisswein für die Sauce
2–3 Esslöffel trockener Sherry
100 ml Kalbsfond oder leichte Hühnerbouillon
150 ml Saucen- oder Vollrahm
1 Esslöffel Butter
50 ml Weisswein für die Pilze

Für 1 Person
50 g frische oder ca. 15 g getrocknete Morcheln
1 kleine Frühlingszwiebel
25 g Gartenkresse
1–2 Kalbsmedaillons, je nach Grösse, ca. 2 cm dick aus dem Filet geschnitten
Salz, schwarzer Pfeffer aus der Mühle
1 Teelöffel Bratbutter
3 Esslöffel Weisswein für die Sauce
3 Esslöffel trockener Sherry
50 ml Kalbsfond oder leichte Hühnerbouillon
2–3 Esslöffel Saucen- oder Vollrahm
½ Esslöffel Butter
2–3 Esslöffel Weisswein für die Pilze

◆ Frische Morcheln unter kaltem Wasser gründlich spülen, grosse vierteln oder halbieren. Getrocknete Morcheln in warmem Wasser etwa 20 Minuten einweichen. Dann ebenfalls gründlich spülen und, wenn nötig, kleiner schneiden.
◆ Den Backofen auf 80 Grad vorheizen und eine Platte mitwärmen.
◆ Die Frühlingszwiebeln rüsten und längs vierteln.
◆ Die Kresse kurz waschen und sehr gut abtropfen lassen.
◆ Die Kalbsmedaillons beidseitig mit Salz und Pfeffer würzen. In der heissen Bratbutter 3–4 Minuten braten. Sofort auf die vorgewärmte Platte geben und im 80 Grad heissen Ofen 20–30 Minuten nachgaren lassen.
◆ Den Bratensatz mit dem Weisswein auflösen und durch ein Sieb giessen. Sherry, Kalbsfond oder Bouillon sowie den Rahm beifügen und so lange einkochen lassen, bis die Sauce leicht bindet.
◆ Frühlingszwiebeln und Morcheln in der warmen Butter unter Wenden 3–4 Minuten dünsten. Dann den Weisswein beifügen und alles weitere 5 Minuten kochen lassen, bis die Flüssigkeit vollständig verdampft ist. Mit Salz und Pfeffer leicht würzen. Warm stellen.
◆ Unmittelbar vor dem Servieren die Sauce nochmals aufkochen. Die Kresse beifügen und sofort mit dem Stabmixer oder im Mixerglas fein pürieren. Mit Salz und Pfeffer abschmecken und nur noch gut heiss werden lassen.
◆ Etwas Kressesauce auf vorgewärmte Teller geben, die Kalbsmedaillons darauf setzen und mit Morcheln und Frühlingszwiebeln garnieren.

Tip:
Die Sauce darf nach der Beigabe der Kresse nicht mehr lange gekocht werden, sonst nimmt sie einen gräulichen Farbton an.

Dazu passt:
◆ Ausgebackene Tomaten (Seite 102)
◆ Kleine Wildreisröstis (Seite 103)
◆ Safrannudeln mit Broccoli und Peperoncino (Seite 105)
◆ In der Schale gebratene, kleine Kartoffeln

Zubereitungsart auch geeignet für:
◆ Kalbssteak: Je nach Dicke 3–4 Minuten braten und bei 80 Grad 20–30 Minuten nachgaren lassen. Zum Servieren quer in Tranchen aufschneiden und auf die Sauce setzen.
◆ Schweinsfiletmedaillons: Gleiche Zubereitung und Zeiten wie Kalbsmedaillons.
◆ Pouletbrüstchen: Je nach Fleischdicke 5–8 Minuten braten und bei 80 Grad 20–30 Minuten nachgaren lassen.
◆ Kaninchenfilet: 3–4 Minuten braten und bei 70 Grad 15–20 Minuten nachgaren lassen.

Kalbsmedaillons mit Morcheln auf Kresseschaum

Kalbskotelett an Schnittlauchsauce

Für 4 Personen
4 grosse Kalbskoteletts
Salz, schwarzer Pfeffer aus der Mühle
1 Esslöffel Bratbutter
50 ml Noilly Prat (trockener Wermut)
1 Schalotte
1 Knoblauchzehe
¼ kleiner Knollensellerie
150 ml Hühnerbouillon
50 ml Rahm
80 g Butter
1 Bund Schnittlauch

Für 1 Person
1 grosses Kalbskotelett
Salz, schwarzer Pfeffer aus der Mühle
½ Esslöffel Bratbutter
50 ml Noilly Prat (trockener Wermut)
1 kleine Schalotte
1 kleine Knoblauchzehe
1 dünne Scheibe Knollensellerie
50 ml Hühnerbouillon
2 Esslöffel Rahm
20 g Butter
¼ Bund Schnittlauch

◆ Den Backofen auf 80 Grad vorheizen und eine Platte mitwärmen.
◆ Die Koteletts mit Salz und Pfeffer würzen. In der heissen Bratbutter 5–6 Minuten braten. Sofort auf die vorgewärmte Platte geben und im 80 Grad heissen Ofen 30 Minuten nachgaren lassen.
◆ Den Bratensatz mit dem Noilly Prat auflösen und auf 2 Esslöffel einkochen lassen. Beiseite stellen.
◆ Schalotte und Knoblauch fein hacken. Den Sellerie rüsten und in kleinste Würfelchen schneiden. Alles mit der Bouillon in eine kleine Pfanne geben und zugedeckt weich kochen. Bratenjus und Rahm beifügen und noch kurz mitkochen.
◆ Vor dem Servieren die Butter in Flocken in die leicht kochende Sauce geben und einziehen lassen. Mit Salz und Pfeffer abschmecken. Am Schluss den Schnittlauch mit einer Schere dazuschneiden.
◆ Die Kalbskoteletts nach Belieben quer zur Faser in Scheiben aufschneiden, auf vorgewärmten Tellern anrichten und mit Sauce umgiessen.

Tip:
Besonders fein wird die Sauce, wenn man sie nach der Beigabe von Bratenjus und Rahm mit der Hälfte des fein geschnittenen Schnittlauchs püriert und anschliessend mit der Butter verfeinert. Den restlichen Schnittlauch in Röllchen beifügen.

Dazu passt:
◆ Safrannudeln mit Broccoli und Peperoncino (Seite 105)
◆ Rucolarisotto (Seite 104)
◆ Gemüse-Weizotto (Seite 104)
◆ Bratkartoffeln mit Zwiebeln

Zubereitungsart auch geeignet für:
◆ Schweinskotelett: Auf die gleiche Weise wie das Kalbskotelett zubereiten.
◆ Pouletbrüstchen: Auf mittlerer Hitze je nach Grösse 5–8 Minuten braten und bei 80 Grad 20–30 Minuten nachgaren lassen.

Kalbskotelett an Schnittlauchsauce, dazu Safrannudeln mit Broccoli und Peperoncino, Rezept Seite 105

Riz Casimir

Für 4 Personen
500 g geschnetzeltes Kalbfleisch
Salz, schwarzer Pfeffer aus der Mühle
1 Esslöffel Bratbutter

Sauce:
1 kleine Zwiebel
1 kleiner Apfel
1 kleine Banane
1 Esslöffel Butter
2 Esslöffel Curry
1 Esslöffel Kokosflocken
½ l Hühnerbouillon
evtl. 1 Esslöffel Mango-Chutney
2 Esslöffel frisch gepresster Orangensaft
200 ml Rahm
1 Esslöffel Sojasauce
1 Messerspitze Sambal Oelek oder einige Tropfen Tabasco
Salz, Pfeffer

Für 1 Person
125–150 g geschnetzeltes Kalbfleisch
Salz, schwarzer Pfeffer aus der Mühle
½ Esslöffel Bratbutter

Sauce:
½ kleine Zwiebel
½ kleiner Apfel
¼ Banane
1 Teelöffel Butter
1 gehäufter Teelöffel Curry
½ Teelöffel Kokosflocken
200 ml Hühnerbouillon
evtl. 1 Teelöffel Mango-Chutney
1 Esslöffel frisch gepresster Orangensaft
50 ml Rahm
1 Teelöffel Sojasauce
ganz wenig Sambal Oelek oder Tabasco
Salz, Pfeffer

◆ Den Backofen auf 70 Grad vorheizen und eine Platte mitwärmen.
◆ Das Geschnetzelte mit Salz und Pfeffer würzen.
◆ Eine Bratpfanne trocken stark erhitzen. Die Hälfte der Bratbutter hineingeben und schmelzen. Die Hälfte des Geschnetzelten beifügen und ohne Wenden auf der ersten Seite gut 1 Minute braten. Dann das Fleisch auf der zweiten Seite nur noch ½ Minute weiterbraten. Sofort auf der vorgewärmten Platte in den 70 Grad heissen Ofen geben. Die restliche Bratbutter erhitzen und die zweite Portion Fleisch darin auf die gleiche Weise braten. Das Geschnetzelte bei 70 Grad 15–20 Minuten nachgaren lassen.
◆ Den Bratensatz mit 2–3 Esslöffeln Wasser auflösen. Durch ein Sieb giessen und beiseite stellen.
◆ Die Zwiebel fein hacken. Den Apfel schälen und klein würfeln. Die Banane schälen und in Rädchen schneiden.
◆ Die Butter erhitzen und die Zwiebel darin hellgelb dünsten. Apfel und Banane beifügen und kurz mitdünsten. Dann Currypulver und Kokosflocken gut darunter mischen und kurz mitdünsten.
◆ Die Bouillon und den beiseite gestellten Bratenjus dazugiessen. Nach Belieben Mango-Chutney beifügen. Die Sauce im offenen Topf 15 Minuten leise kochen lassen. Dann mit dem Stabmixer oder im Mixerglas fein pürieren.
◆ Die Currysauce mit Orangensaft und Rahm verfeinern und mit Sojasauce, Sambal Oelek oder Tabasco, Salz und Pfeffer würzen. Noch so lange weiterkochen, bis die Sauce leicht cremig bindet.
◆ Das Geschnetzelte in die Currysauce geben und nach Belieben mit frischen Früchten (z.B. Bananen, Orangen, Ananas) garnieren. Traditionell wird das Gericht im Reisring serviert.

Dazu passt:
◆ Trockenreis
◆ Feine Nudeln

Zubereitungsart auch geeignet für:
◆ Pouletbrüstchen: Fleisch in Würfel schneiden, in mehreren Portionen je 2–3 Minuten braten, dann bei 80 Grad 15–20 Minuten nachgaren lassen.
◆ Schweinsfilet: Filet zuerst in Scheiben, dann diese in schmale Streifen schneiden. In mehreren Portionen je 1½–2 Minuten braten und bei 70 Grad 15–20 Minuten nachgaren lassen.

Riz Casimir

Kalbsschnitzelchen an Basilikum-Zitronen-Sauce

Für 4 Personen
8–12 kleine Kalbsschnitzel, je nach Grösse
Salz, schwarzer Pfeffer aus der Mühle
1 Esslöffel Bratbutter
100 ml Weisswein
abgeriebene Schale von 1 Zitrone
Saft von ½ Zitrone
50 ml Noilly Prat (trockener Wermut)
¼ Teelöffel Fleischextrakt oder
½ Würfel Hühnerbouillon
200 ml Rahm
1 Bund Basilikum

Für 1 Person
2–3 kleine Kalbsschnitzel, je nach Grösse
Salz, schwarzer Pfeffer aus der Mühle
½ Esslöffel Bratbutter
50 ml Weisswein
abgeriebene Schale von ¼ Zitrone
1–2 Esslöffel Zitronensaft
1–2 Esslöffel Noilly Prat (trockener Wermut)
1 Messerspitze Fleischextrakt oder
¼ Würfel Hühnerbouillon
50 ml Rahm
2–3 Zweige Basilikum

◆ Den Backofen auf 80 Grad vorheizen und eine Platte mitwärmen.
◆ Die Kalbsschnitzel mit Salz und Pfeffer würzen. In der heissen Bratbutter je nach Dicke 1½–2 Minuten braten. Dann sofort auf die vorgewärmte Platte geben und im 80 Grad heissen Ofen 15–20 Minuten nachgaren lassen.
◆ Den Bratensatz mit dem Weisswein auflösen. Zitronenschale, Zitronensaft, Noilly Prat, Fleischextrakt oder Bouillonpaste beifügen und auf 50 ml (1-Portionen-Menge auf 2–3 Esslöffel) einkochen lassen. Dann den Rahm beifügen und die Sauce noch so lange kochen lassen, bis sie leicht cremig bindet.
◆ Das Basilikum in feinste Streifchen schneiden und am Schluss zur Sauce geben. Mit Salz und Pfeffer abschmecken. Über die Kalbsschnitzelchen verteilen.

Dazu passt:
◆ Zucchini-Kartoffel-Küchlein (Seite 100)
◆ Ausgebackene Tomaten (Seite 102)
◆ Zucchini im Bierteig (Seite 102)
◆ Neue Kartoffeln mit Frühlingszwiebeln (Seite 100)
◆ Gemüse-Weizotto (Seite 104)
◆ Peperoni mit Oliven und Kapern (Seite 103)
◆ Feine Nudeln
◆ Weissweinrisotto

Zubereitungsart auch geeignet für:
◆ Truthahnschnitzel: 2–3 Minuten anbraten und bei 80 Grad 15–20 Minuten nachgaren lassen.
◆ Pouletbrüstchen: Je nach Dicke bei mittlerer Hitze 5–8 Minuten braten und bei 80 Grad 20–30 Minuten nachgaren lassen.

Kalbsmedaillons mit Gremolata-Butter auf Sommergemüse

Für 4 Personen
4–8 Kalbsmedaillons, je nach Grösse, je ca. 2 cm dick aus dem Filet geschnitten
Salz, Pfeffer aus der Mühle
2–3 Esslöffel Olivenöl für das Fleisch
100 g Stangensellerie
100 g Karotten
100 g Lauch
4 Tomaten
2 Schalotten oder kleine Zwiebeln
1 Knoblauchzehe
3–4 Esslöffel Olivenöl für das Gemüse
100 ml Weisswein
½ Bund Basilikum
4–6 Zweige Thymian

Buttermischung:
100 g weiche Butter
8–10 Zweige glattblättrige Petersilie
2 Knoblauchzehen
dünn abgeriebene Schale von 2 Zitronen
1 Teelöffel Zitronensaft
Salz, schwarzer Pfeffer aus der Mühle

Für 1 Person
1–2 Kalbsmedaillons, je nach Grösse, je ca. 2 cm dick aus dem Filet geschnitten
Salz, Pfeffer aus der Mühle
1–2 Esslöffel Olivenöl für das Fleisch
1 Stangenselleriestange

1 Karotte
1 kleines Stück Lauch
1 grosse Tomate
1 kleine Schalotte
1 kleine Knoblauchzehe
2 Esslöffel Olivenöl für das Gemüse
2–3 Esslöffel Weisswein
2 Zweige Basilikum
2 Zweige Thymian

Buttermischung:
25 g weiche Butter
2–3 Zweige glattblättrige Petersilie
1 kleine Knoblauchzehe
dünn abgeriebene Schale von ½ Zitrone
einige Tropfen Zitronensaft
Salz, schwarzer Pfeffer

◆ Den Backofen auf 80 Grad vorheizen und eine Platte mitwärmen.
◆ Die Kalbsmedaillons beidseitig mit Salz und Pfeffer würzen. Im heissen Olivenöl 3–4 Minuten braten. Dann sofort auf die vorgewärmte Platte geben und im 80 Grad heissen Ofen 20–30 Minuten nachgaren lassen.
◆ Stangensellerie, Karotten und Lauch rüsten und in Würfelchen schneiden. Die Tomaten kurz in kochendes Wasser tauchen, schälen, quer halbieren, entkernen und ebenfalls würfeln.
◆ Schalotten oder Zwiebeln und Knoblauch fein hacken. In Olivenöl andünsten. Stangensellerie, Karotten und Lauch beifügen und 2–3 Minuten mitdünsten. Dann die Tomaten und den Weisswein dazugeben. Mit Salz und Pfeffer würzen. Alles zugedeckt noch etwa 10 Minuten kochen lassen.
◆ Inzwischen die Basilikumblätter grob hacken. Die Thymianblättchen von den Zweigen zupfen. Zum Gemüse geben und dieses mit Salz und Pfeffer abschmecken.
◆ Die weiche Butter so lange durchrühren, bis sich kleine Spitzchen bilden. Petersilie und Knoblauch sehr fein hacken. Mit der Zitronenschale und dem -saft zur Butter geben und mit Salz sowie reichlich frisch gemahlenem Pfeffer würzen.
◆ Die Gemüsesauce auf vorgewärmte Teller verteilen und je 1–2 Kalbsmedaillons darauf setzen. Jedes mit etwas weicher Gremolata-Butter belegen und sofort servieren.

Tip:
Die Buttermischung kann auf Vorrat zubereitet werden. Dazu auf ein Blatt Alufolie geben und zu einer Rolle formen. Sie kann im Kühlschrank etwa 2 Wochen oder im Tiefkühler 2–3 Monate aufbewahrt werden. Wichtig ist, dass man die Gremolata-Butter nicht kalt auf das Fleisch gibt, sondern sie portioniert und bei Zimmertemperatur wieder weich werden lässt. Man kann sie auch etwa 10 Minuten vor Ende der Nachgarzeit auf das Fleisch geben und leicht anschmelzen lassen.

Dazu passt:
◆ Tomaten-Kräuter-Polenta (Seite 106)
◆ Kleine Wildreisröstis (Seite 103)
◆ Rucolarisotto (Seite 104)
◆ In der Schale gebratene, kleine Kartoffeln
◆ Maistaler

Zubereitungsart auch geeignet für:
◆ Pouletbrüstchen: Mit einem grossen, scharfen Messer waagrecht auf-, aber nicht durchschneiden. Unter Klarsichtfolie mit dem Wallholz oder Fleischklopfer sorgfältig dünn klopfen. Nach Rezept weiterfahren.

Kalbfleischvögel mit Zucchini

Für 4 Personen
möglichst dünn geschnittene Kalbsplätzchen (evtl. vom Metzger mit der Aufschnittmaschine geschnitten)
Salz, Pfeffer, Paprika
1 gehäufter Esslöffel eingelegter grüner Pfeffer
1 Bund Dill
2–3 Esslöffel Rahm
200 g Kalbsbrät
500 g Zucchini
1 Esslöffel Bratbutter
50 ml Weisswein
200 ml Doppelrahm

Für 1 Person
2 möglichst dünn geschnittene Kalbsplätzchen (evtl. vom Metzger mit der Aufschnittmaschine geschnitten)
Salz, Pfeffer, Paprika
1 Teelöffel eingelegter grüner Pfeffer
2–3 Zweige frischer Dill
1 Esslöffel Rahm
50 g Kalbsbrät
150 g Zucchini
½ Esslöffel Bratbutter
2–3 Esslöffel Weisswein
50 ml Doppelrahm

◆ Den Backofen auf 80 Grad vorheizen und eine Platte mitwärmen.
◆ Die Kalbsplätzchen auf der Arbeitsfläche auslegen, wenn nötig unter Klarsichtfolie mit dem Wallholz oder Fleischklopfer noch etwas dünner klopfen. Mit Salz, Pfeffer und Paprika würzen.
◆ Den grünen Pfeffer in ein Sieb geben und unter warmem Wasser spülen. Mit einer Gabel leicht zerdrücken. Den Dill fein hacken. Die Hälfte beiseite stellen. Den restlichen Dill mit dem grünen Pfeffer und dem Rahm zum Kalbsbrät geben. Alles gut mischen.
◆ Die Brätmasse auf den Kalbsplätzchen verteilen, diese aufrollen und mit Holzspiesschen fixieren.
◆ Die Enden der Zucchini wegschneiden und die Früchte ungeschält in fingerdicke Stengelchen schneiden.
◆ Die Bratbutter in einer weiten Pfanne erhitzen. Die Kalbfleischvögel rundum 5–6 Minuten braten. Dann sofort auf die vorgewärmte Platte geben und im 80 Grad heissen Ofen 20–30 Minuten nachgaren lassen.
◆ Im Bratensatz die Zucchini unter Wenden andünsten. Mit Salz und Pfeffer würzen. Den Weisswein dazugiessen. Die Zucchini knackig dünsten; dabei soll die Flüssigkeit fast vollständig einkochen.
◆ Den Doppelrahm sowie den restlichen Dill beifügen, mit Salz und Pfeffer würzen und alles noch 1–2 Minuten leise kochen lassen.
◆ Die Kalbfleischvögel einmal schräg halbieren und mit dem Zucchinigemüse auf vorgewärmten Tellern anrichten.

Dazu passt:
◆ Tomaten-Kräuter-Polenta (Seite 106)
◆ In der Schale gebratene, kleine Kartoffeln
◆ Gebratene Maistaler
◆ Trockenreis

Zubereitungsart auch geeignet für:
◆ Pouletbrüstchen: Mit einem grossen, scharfen Messer waagrecht auf-, aber nicht durchschneiden. Unter Klarsichtfolie mit dem Wallholz oder Fleischklopfer sorgfältig dünn klopfen. Nach Rezept weiterfahren.

Oben: Kalbsschnitzelchen an Basilikum-Zitronen-Sauce, Rezept Seite 48
Mitte: Kalbfleischvögel mit Zucchini
Unten: Kalbsmedaillons mit Gremolata-Butter auf Sommergemüse, Rezept Seite 48

Geschnetzeltes Kalbfleisch mit Erbsen und Rohschinken

Für 4 Personen
2 Frühlingszwiebeln
1 Bund Petersilie
4 dünne Scheiben Rohschinken
500 g geschnetzeltes Kalbfleisch
Salz, Pfeffer aus der Mühle
1–2 Esslöffel Bratbutter
1 Esslöffel Butter
200 g frische, ausgelöste oder tiefgekühlte Erbsen
100 ml Weisswein
200 ml Rahm

Für 1 Person
1 kleine Frühlingszwiebel
2 Zweige Petersilie
1 dünne Scheibe Rohschinken
125–150 g geschnetzeltes Kalbfleisch
Salz, Pfeffer aus der Mühle
½ Esslöffel Bratbutter
½ Esslöffel Butter
50–75 g frische ausgelöste oder tiefgekühlte Erbsen
50 ml Weisswein
50 ml Rahm

◆ Den Backofen auf 70 Grad vorheizen und eine Platte mitwärmen.
◆ Die Frühlingszwiebeln mitsamt schönem Grün zuerst fein schneiden, dann hacken. Die Petersilie ebenfalls hacken. Den Rohschinken in Streifchen oder kleine Vierecke schneiden.
◆ Das Geschnetzelte mit Salz und Pfeffer würzen.
◆ Eine Bratpfanne trocken stark erhitzen. Die Hälfte der Bratbutter hineingeben und schmelzen. Die Hälfte des Geschnetzelten beifügen und ohne Wenden auf der ersten Seite gut 1 Minute anbraten. Dann das Fleisch auf der zweiten Seite nur noch ½ Minute weiterbraten. Sofort auf der vorgewärmten Platte in den 70 Grad heissen Ofen geben. Die restliche Bratbutter erhitzen und die zweite Portion Fleisch darin auf die gleiche Weise braten. Das Geschnetzelte bei 70 Grad 15–20 Minuten nachgaren lassen.
◆ Die Rohschinkenstreifchen kurz im Bratensatz braten. Zum Geschnetzelten geben.
◆ Die Butter zum Bratensatz geben. Frühlingszwiebeln und Petersilie darin andünsten. Die Erbsen beifügen und den Weisswein dazugeben. Das Gemüse weich garen; dabei soll die Dünstflüssigkeit stark einkochen.
◆ Den Rahm beifügen und alles noch so lange kochen lassen, bis die Sauce leicht cremig bindet.
◆ Das Fleisch sorgfältig unter die Gemüsesauce heben und sofort servieren.

Tip:
Anstelle von Erbsen kann man auch frische Kefen oder Knackerbsen verwenden, die man beide schräg in Rhomben schneidet.

Dazu passt:
◆ Tomaten-Kräuter-Polenta (Seite 106)
◆ Gewürfelte Bratkartoffeln
◆ In der Schale gebratene, kleine Kartoffeln
◆ Weissweinrisotto

Zubereitungsart auch geeignet für:
◆ Pouletbrüstchen: Fleisch in Würfel schneiden, in mehreren Portionen je 2–3 Minuten braten, dann bei 80 Grad 15–20 Minuten nachgaren lassen.
◆ Schweinsfilet: Filet zuerst in Scheiben, dann diese in schmale Streifen schneiden. In mehreren Portionen je 1½–2 Minuten braten und bei 70 Grad 15–20 Minuten nachgaren lassen.

Geschnetzeltes Kalbfleisch mit Erbsen und Rohschinken

Curry-Kalbfleisch mit Gemüse

Für 4 Personen
4 Karotten
400 g Broccoli
500 g geschnetzeltes Kalbfleisch
Salz
etwas Zitronenpfeffer oder schwarzer Pfeffer aus der Mühle
1–2 Esslöffel Bratbutter
1 Frühlingszwiebel
1 Esslöffel Butter
1 Esslöffel Curry
50 ml weisser Portwein oder trockener Sherry
1 Esslöffel Zitronensaft
200 ml Rahm

Für 1 Person
1 Karotte
1 kleiner Kopf Broccoli
125–150 g geschnetzeltes Kalbfleisch
Salz
etwas Zitronenpfeffer oder schwarzer Pfeffer aus der Mühle
½ Esslöffel Bratbutter
1 kleine Schalotte
½ Esslöffel Butter
½–¾ Teelöffel Curry
50 ml weisser Portwein oder trockener Sherry
1 Teelöffel Zitronensaft
50 ml Rahm

◆ Den Backofen auf 70 Grad vorheizen und eine Platte mitwärmen.
◆ Die Karotten schälen und schräg in Scheiben schneiden. Den Broccoli rüsten und in Röschen teilen; die Strunkteile schälen und in Stifte schneiden. Das Gemüse in wenig Salzwasser oder über Dampf knackig garen.
◆ Während das Gemüse gart, das Fleisch zubereiten: Das Geschnetzelte mit Salz und Zitronenpfeffer oder schwarzem Pfeffer würzen. Eine Bratpfanne trocken stark erhitzen. Die Hälfte der Bratbutter hineingeben und schmelzen. Die Hälfte des Geschnetzelten beifügen und ohne Wenden auf der ersten Seite gut 1 Minute braten. Dann das Fleisch auf der zweiten Seite nur noch ½ Minute weiterbraten. Sofort auf der vorgewärmten Platte in den 70 Grad heissen Ofen geben. Die restliche Bratbutter erhitzen und die zweite Portion Fleisch darin auf die gleiche Weise braten. Das Geschnetzelte bei 70 Grad 15–20 Minuten nachgaren lassen.
◆ Die Frühlingszwiebel mitsamt schönem Grün bzw. die Schalotte fein hacken. In der Butter andünsten. Den Curry darüber stäuben und kurz mitdünsten. Mit dem Portwein oder Sherry sowie dem Zitronensaft ablöschen und leicht einkochen lassen. Den Rahm beifügen und die Sauce noch so lange kochen lassen, bis sie leicht bindet. Mit Salz und Pfeffer abschmecken.
◆ Karotten und Broccoli beifügen und nur noch gut heiss werden lassen. Dann mit dem Fleisch mischen.

Tip:
Anstelle von Karotten und Broccoli lässt sich das Gericht auch mit Kefen, Blumenkohlröschen, grünen Spargeln und/oder Bundkarotten zubereiten.

Dazu passt:
◆ Kleine Wildreisröstis (Seite 103)
◆ Salzkartoffeln
◆ Feine Nudeln

Zubereitungsart auch geeignet für:
◆ Pouletbrüstchen: Fleisch in Würfel schneiden, in mehreren Portionen je 2–3 Minuten braten, dann bei 80 Grad 15–20 Minuten nachgaren lassen.
◆ Schweinsfilet: Filet zuerst in Scheiben, dann diese in schmale Streifen schneiden. In mehreren Portionen je 1½–2 Minuten braten und bei 70 Grad 15–20 Minuten nachgaren lassen.

Curry-Kalbfleisch mit Gemüse

Würzig und saftig

Schweinsfiletmedaillons mit Coppa an Balsamicojus, Rezept Seite 64, dazu Tomaten-Kräuter-Polenta, Rezept Seite 106

Far East Porc Fried Rice

Gebratene Schweinefleischstreifen mit Gemüse und Reis

Für 4 Personen
20 g getrocknete Steinpilze
150 g Parboiled-Reis
400 g dünn geschnittene Schweinsschnitzel
150 g Schinken, in Scheiben geschnitten
4–5 Esslöffel Öl
Salz, Pfeffer aus der Mühle
150 g Karotten
150 g Lauch
2–3 Stangenselleriestangen
1 Zwiebel
2 Knoblauchzehen
2–3 Esslöffel Sojasauce
50 ml Hühnerbouillon
etwas Cayennepfeffer
2 Eier

Für 1 Person
5 g getrocknete Steinpilze
50 g Parboiled-Reis
100 g dünn geschnittene Schweinsschnitzel
50 g Schinken, in Scheiben geschnitten
2–3 Esslöffel Öl
Salz, Pfeffer aus der Mühle
1 grosse Karotte
1 kleine Stange Lauch
1 Stangenselleriestange
1 kleine Zwiebel
1 kleine Knoblauchzehe
1 Esslöffel Sojasauce
2–3 Esslöffel Hühnerbouillon
wenig Cayennepfeffer
1 Ei

◆ Den Backofen auf 70 Grad vorheizen. Ein grosses Kuchenblech sowie eine kleine Platte mitwärmen.
◆ Die Steinpilze 10–15 Minuten in warmes Wasser einlegen.
◆ Reichlich Salzwasser aufkochen. Den Reis hineingeben und bissfest garen (10–12 Minuten). Abschütten, gut abtropfen lassen, dann auf das vorgewärmte Blech geben und im vorgeheizten Ofen warm stellen.
◆ Während der Reis kocht, die Schweinsschnitzel in schmale Streifen, den Schinken in kleine Vierecke schneiden.
◆ In einem Wok oder in einer grossen Bratpfanne die Hälfte des Öls erhitzen. Das Fleisch mit Salz und Pfeffer würzen und mit dem Schinken 1½–2 Minuten braten. Sofort auf die vorgewärmte Platte geben und im 70 Grad heissen Ofen 15–20 Minuten nachgaren lassen. Die Pfanne beiseite stellen.
◆ Die Steinpilze abtropfen lassen und in Streifchen schneiden. Die Karotten schälen und in zündholzgrosse Streifchen schneiden. Den Lauch rüsten und ebenfalls in Streifchen schneiden. Den Stangensellerie in Scheibchen, die zarten Blätter in Streifen schneiden. Zwiebel und Knoblauch fein hacken.
◆ Das restliche Öl in die Fleischpfanne geben und erhitzen. Zwiebel und Knoblauch darin andünsten. Dann Steinpilze, Karotten, Lauch und Stangensellerie beifügen und alles unter Wenden 2–3 Minuten braten. Sojasauce und Bouillon beifügen, mit Cayennepfeffer pikant würzen und alles noch kurz weiterkochen lassen.
◆ Die Eier verquirlen. Reis und Fleisch zum Gemüse geben, die Eier beifügen und alles unter Wenden nur noch so lange braten, bis die Eier gestockt sind. In einer Schüssel anrichten.

Tip:
Anstelle oder zusammen mit den verwendeten Gemüsen können auch viele andere Zutaten gewählt werden, zum Beispiel Zucchini, Peperoni (Paprika), Auberginen, Kohlrabi, Knollensellerie, Fenchel, Chinakohl, Lattich, Spargeln u.a.

Zubereitungsart auch geeignet für:
◆ Pouletbrüstchen: Fleisch in schmale Streifen schneiden und wie im Rezept beschrieben zubereiten.
◆ Lamm: Kleine Lammfilets, Lammhuft oder entbeinte Lammkeule (Gigot) in schmale Streifen schneiden und wie im Rezept beschrieben zubereiten.

Far East Porc Fried Rice

Schweinssteak an Teufelssauce

Für 4 Personen
12 grosse Cherrytomaten
4 Schweinssteaks, aus dem Nierstück geschnitten
Salz, schwarzer Pfeffer aus der Mühle
1 Esslöffel Bratbutter
50 ml Marsala oder Madeira
2 Schalotten
2 Knoblauchzehen
½ Bund glattblättrige Petersilie
1 Peperoncino (italienische Pfefferschote)
1 Esslöffel Butter
150 ml kräftiger Rotwein
100 ml leichte Hühnerbouillon
1 gehäufter Teelöffel Mehl und 20 g weiche Butter zum Binden

Für 1 Person
3 grosse Cherrytomaten
1 Schweinssteak, aus dem Nierstück geschnitten
Salz, schwarzer Pfeffer aus der Mühle
1 Teelöffel Bratbutter
50 ml Marsala oder Madeira
1 kleine Schalotte
1 kleine Knoblauchzehe
2 Zweige glattblättrige Petersilie
¼ Peperoncino (italienische Pfefferschote)
1 Teelöffel Butter
50 ml kräftiger Rotwein
50 ml leichte Hühnerbouillon
½ Teelöffel Mehl und 1 Teelöffel weiche Butter zum Binden

◆ Den Backofen auf 80 Grad vorheizen und eine Platte mitwärmen.
◆ Die Cherrytomaten auf der Oberseite kreuzweise leicht einschneiden.
◆ Die Schweinssteaks beidseitig mit Salz und Pfeffer würzen. In der heissen Bratbutter je nach Dicke 3–4 Minuten braten. Dann sofort auf die vorgewärmte Platte geben und im 80 Grad heissen Ofen 20–30 Minuten nachgaren lassen.
◆ Im Bratensatz die Cherrytomaten unter gelegentlichem Wenden 2 Minuten braten. Zum Fleisch in den Ofen geben.
◆ Den Bratensatz mit Marsala oder Madeira auflösen und diesen zur Hälfte einkochen lassen. Beiseite stellen.
◆ Schalotten, Knoblauch und Petersilie fein hacken. Den Peperoncino der Länge nach halbieren, entkernen und in feinste Streifchen schneiden.
◆ In einem Pfännchen die Butter schmelzen. Schalotte, Knoblauch, Petersilie und Peperoncino darin andünsten. Mit Bratenjus, Rotwein und Bouillon ablöschen und zur Hälfte einkochen lassen.
◆ Das Mehl und die weiche Butter mit einer Gabel verkneten. Am Schluss unter die leicht kochende Sauce rühren und diese mit Salz und Pfeffer abschmecken. Einen Teil der Sauce über die Steaks anrichten, den Rest separat dazu servieren.

Dazu passt:
◆ Neue Kartoffeln mit Frühlingszwiebeln (Seite 100)
◆ Gebratene chinesische Kefen (Seite 103)
◆ Kleine Wildreisröstis (Seite 103)
◆ Safrannudeln mit Broccoli und Peperoncino (Seite 105)
◆ Tomaten-Kräuter-Polenta (Seite 106)
◆ Gemüse-Weizotto (Seite 104)
◆ Rucolarisotto (Seite 104)
◆ Italienisches Kartoffelpüree (Seite 105)

Zubereitungsart auch geeignet für:
◆ Schweinskotelett: Je nach Dicke 5–6 Minuten braten und bei 80 Grad 30 Minuten nachgaren lassen.
◆ Schweinsfilet: Fleisch in etwa 2 cm dicke Medaillons schneiden, 3–4 Minuten braten und bei 80 Grad 20–30 Minuten nachgaren lassen.
◆ Lammrückenfilet: Je nach Dicke rundum 4–6 Minuten braten und bei 80 Grad 20–30 Minuten nachgaren lassen.
◆ Lammkoteletts: Je nach Grösse 2–3 Minuten braten und bei 80 Grad 20–30 Minuten nachgaren lassen.
◆ Pouletbrüstchen: Auf mittlerer Hitze je nach Grösse 5–8 Minuten braten und bei 80 Grad 20–30 Minuten nachgaren lassen.

Schweinssteak an Teufelssauce, dazu gebratene, neue Kartoffeln mit Frühlingszwiebeln, Rezept Seite 100

Schweinsfiletröllchen am Spiess

Für 4 Personen
600 g Schweinsfilet
schwarzer Pfeffer aus der Mühle
1 Bund Petersilie
1 Rosmarinzweig für die Füllung
25 g geriebener Parmesan
25 g Butter für die Füllung
4 möglichst dünn geschnittene Scheiben Mortadella
2 Esslöffel Olivenöl
1 Esslöffel Butter für das Fleisch
Salz
100 ml Marsala
100 ml Rotwein
100 ml Kalbsfond oder leichte Bouillon
2 Rosmarinzweige für die Sauce
50 g Butter für die Sauce
evtl. wenig Zitronensaft

Für 1 Person
150 g Schweinsfilet
schwarzer Pfeffer aus der Mühle
2–3 Zweige Petersilie
½ kleiner Rosmarinzweig für die Füllung
1 Esslöffel geriebener Parmesan
4 kleine Butterflocken für die Füllung
1 möglichst dünn geschnittene Scheibe Mortadella
1 Esslöffel Olivenöl
1 Teelöffel Butter für das Fleisch
Salz
50 ml Marsala
50 ml Rotwein
50 ml Kalbsfond oder leichte Bouillon
1 Rosmarinzweig für die Sauce
20 g Butter für die Sauce
evtl. einige Tropfen Zitronensaft

◆ Den Backofen auf 80 Grad vorheizen und eine Platte mitwärmen.
◆ Das Schweinsfilet in 16 dünne Scheiben schneiden (die 1-Portionen-Menge in 4 Scheiben). Unter Klarsichtfolie mit dem Wallholz oder einem Fleischklopfer sorgfältig flach klopfen. Auf der oberen Seite mit frisch gemahlenem Pfeffer würzen.
◆ Petersilie und Rosmarin fein hacken. Mit dem Parmesan mischen. Auf den Fleischscheiben verteilen. Je ein Butterflöckchen darauf setzen. Die Mortadellascheiben vierteln, das Fleisch damit belegen und aufrollen. Je vier Röllchen auf einen Spiess stecken.
◆ Olivenöl und Butter erhitzen. Die Filetspiesse salzen. Auf jeder Seite 1½ Minuten braten. Sofort auf die vorgewärmte Platte geben und im 80 Grad heissen Ofen 15–20 Minuten nachgaren lassen.
◆ Den Bratensatz mit Marsala, Rotwein und Kalbsfond oder Bouillon ablöschen. Den Rosmarin beifügen. Die Sauce auf grosser Hitze auf knapp 100 ml einkochen lassen (die 1-Portionen-Menge auf knapp 50 ml). Den Rosmarin entfernen.
◆ Unmittelbar vor dem Servieren die Butter in Flocken in die leicht kochende Sauce geben. Mit Salz, Pfeffer und, wenn nötig, etwas Zitronensaft abschmecken. Die Sauce über die Filetspiesse träufeln.

Tip:
Man kann die Röllchen auch einzeln braten. Die Bratzeit beträgt dann insgesamt 2–2½ Minuten.

Dazu passt:
◆ Peperoni mit Oliven und Kapern (Seite 103)
◆ Frühlingsgemüse (Seite 101)
◆ Ausgebackene Tomaten (Seite 102)
◆ Zucchini im Bierteig (Seite 102)
◆ Rucolarisotto (Seite 104)
◆ Italienisches Kartoffelpüree (Seite 105)

Zubereitungsart auch geeignet für:
◆ Pouletbrüstchen: Brüstchen waagrecht halbieren und die Hälften zwischen Klarsichtfolie zu möglichst dünnen Schnitzeln klopfen; diese nochmals halbieren, dann wie im Rezept beschrieben belegen. Auf mittlerer Hitze 3–4 Minuten braten und bei 80 Grad 15–20 Minuten nachgaren lassen.

Schweinsfiletröllchen am Spiess, dazu Peperoni mit Oliven und Kapern, Rezept Seite 103

Schweinsfiletmedaillons mit Coppa an Balsamicojus

Für 4 Personen
8 Schweinsfiletmedaillons, je ca. 2 cm dick geschnitten
Salz, schwarzer Pfeffer aus der Mühle
1 grosser Rosmarinzweig zum Belegen
8 Scheiben Coppa
1 Esslöffel Bratbutter
100 ml Marsala
100 ml Balsamicoessig
200 ml Kalbsfond oder Weisswein
2 Messerspitzen Fleischextrakt
2 Rosmarinzweige für die Sauce
80 g Butter

Für 1 Person
2 Schweinsfiletmedaillons, je ca. 2 cm dick geschnitten
Salz, schwarzer Pfeffer aus der Mühle
½ kleiner Rosmarinzweig zum Belegen
2 Scheiben Coppa
½ Esslöffel Bratbutter
50 ml Marsala
2–3 Esslöffel Balsamicoessig
50 ml Kalbsfond oder Weisswein
1 Messerspitze Fleischextrakt
1 kleiner Rosmarinzweig für die Sauce
20 g Butter

◆ Den Backofen auf 80 Grad vorheizen und eine Platte mitwärmen.
◆ Die Schweinsfiletmedaillons beidseitig mit Salz und Pfeffer würzen. Auf der einen Seite mit 3–4 Rosmarinnadeln sowie einer Scheibe Coppa belegen und mit Holzspiesschen feststecken.
◆ Die Bratbutter erhitzen. Die Medaillons darin 3–4 Minuten braten. Sofort auf die vorgewärmte Platte geben und im 80 Grad heissen Ofen 20–30 Minuten nachgaren lassen.
◆ Den Bratensatz mit dem Marsala ablöschen und kurz einkochen lassen. Durch ein Sieb in ein kleines Saucenpfännchen giessen. Balsamicoessig, Kalbsfond oder Weisswein, Fleischextrakt sowie Rosmarin beifügen und alles auf knapp 100 ml (die 1-Portionen-Menge auf 3–4 Esslöffel) einkochen lassen.
◆ Unmittelbar vor dem Servieren die Butter in Flocken in die leicht kochende Sauce geben und einziehen lassen. Mit Salz und Pfeffer abschmecken. Über die Medaillons träufeln.

Dazu passt:
◆ Tomaten-Kräuter-Polenta (Seite 106)
◆ Ausgebackene Tomaten (Seite 102)
◆ Zucchini im Bierteig (Seite 102)
◆ Neue Kartoffeln mit Frühlingszwiebeln (Seite 100)
◆ Safrannudeln mit Broccoli und Peperoncino (Seite 105)
◆ Gemüse-Weizotto (Seite 104)
◆ Rucolarisotto (Seite 104)

Zubereitungsart auch geeignet für:
◆ Kalbsschnitzel: Je nach Dicke 1½–2 Minuten braten und bei 80 Grad 15–20 Minuten nachgaren lassen.
◆ Kalbsfiletmedaillons (etwa 2 cm dick geschnitten): 3–4 Minuten braten und bei 80 Grad 20–30 Minuten nachgaren lassen.
◆ Pouletbrüstchen: Kleine Brüstchen wählen und je nach Grösse evtl. mit je 2 Coppascheiben belegen. Auf mittlerer Hitze 5–8 Minuten braten und bei 80 Grad 20–30 Minuten nachgaren lassen.
◆ Truthahnschnitzel: Je nach Dicke 2–3 Minuten braten und bei 80 Grad 15–20 Minuten nachgaren lassen.

Schweinsfiletgeschnetzeltes mit Pilzen

Für 4 Personen
25 g getrocknete Steinpilze
10 g getrocknete Totentrompeten
500 g Schweinsfilet
Salz, schwarzer Pfeffer aus der Mühle
1½ Esslöffel Bratbutter
150 ml Weisswein
2 Tomaten
2 Schalotten
1 Esslöffel Butter
100 ml Rahm
100 ml Crème fraîche
¼ Teelöffel Fleischextrakt

Für 1 Person
5 g getrocknete Steinpilze
5 g getrocknete Totentrompeten
125–150 g Schweinsfilet
Salz, schwarzer Pfeffer aus der Mühle
½ Esslöffel Bratbutter
50 ml Weisswein
1 kleine Tomate
1 kleine Schalotte
1 Teelöffel Butter
2–3 Esslöffel Rahm
2–3 Esslöffel Crème fraîche
1 Messerspitze Fleischextrakt

◆ Den Backofen auf 70 Grad vorheizen und eine Platte mitwärmen.
◆ Steinpilze und Totentrompeten getrennt in warmem Wasser einweichen.
◆ Das Schweinsfilet zuerst in Scheiben, dann diese in Streifen schneiden. Mit Salz und Pfeffer würzen.
◆ Eine Bratpfanne trocken erhitzen. Die Hälfte der Bratbutter hineingeben. Dann die Hälfte der Fleischstreifen beifügen und ohne Wenden auf der ersten Seite gut 1 Minute braten. Dann das Fleisch auf der zweiten Seite 1 weitere Minute braten. Sofort auf der vorgewärmten Platte in den 70 Grad heissen Ofen geben. Die restliche Bratbutter erhitzen und die zweite Portion Fleisch darin auf die gleiche Weise braten. Das Geschnetzelte bei 70 Grad 15–20 Minuten nachgaren lassen.
◆ Den Bratensatz mit dem Weisswein auflösen und zur Hälfte einkochen lassen. Beiseite stellen.
◆ Die Pilze abschütten und auf Küchenpapier gut abtropfen lassen.
◆ Die Tomaten kurz in kochendes Wasser tauchen, schälen, quer halbieren, entkernen und in kleine Würfelchen schneiden. Leicht salzen.
◆ Die Schalotten fein hacken. In der Butter hellgelb dünsten.
◆ Die Hitze höher stellen und die Pilze beigeben. Kräftig dünsten. Mit dem eingekochten Weisswein ablöschen. Rahm und Crème fraîche verrühren und dazugeben. Den Fleischextrakt beifügen und die Sauce so lange kochen lassen, bis sie leicht cremig bindet.
◆ Unmittelbar vor dem Servieren die Tomatenwürfelchen in die Sauce geben und nur gut heiss werden lassen. Mit Salz und Pfeffer abschmecken. Dann das Fleisch beifügen und alles sorgfältig mischen.

Tip:
Für die 1-Portionen-Menge kann die gesamte Fleischmenge auf einmal gebraten werden.

Dazu passt:
◆ Zucchini-Kartoffel-Küchlein (Seite 100)
◆ Neue Kartoffeln mit Frühlingszwiebeln (Seite 100)
◆ Tomaten-Kräuter-Polenta (Seite 106)
◆ Gemüse-Weizotto (Seite 104)
◆ Feine Nudeln
◆ Weissweinrisotto

Zubereitungsart auch geeignet für:
◆ Geschnetzeltes Kalbfleisch: Zubereitung wie im Rezept beschrieben, jedoch die zweite Fleischseite nur noch ½ Minute braten.
◆ Pouletbrüstchen: Fleisch in Würfel schneiden, in Portionen je 2–3 Minuten braten und bei 80 Grad 15–20 Minuten nachgaren lassen.
◆ Kaninchenfilets: Fleisch in Würfel schneiden, in Portionen je 2–3 Minuten braten und bei 70 Grad 15–20 Minuten nachgaren lassen.

Schweinssteak mit Portweinzwiebelchen

Für 4 Personen
200 g Saucenzwiebelchen
4 Schweinssteaks, aus dem Nierstück geschnitten
Salz, schwarzer Pfeffer aus der Mühle
1 Esslöffel Bratbutter
1 Bund Thymian
¼ l roter Portwein
75 g Butter

Für 1 Person
50 g Saucenzwiebelchen
1 Schweinssteak, aus dem Nierstück geschnitten
Salz, schwarzer Pfeffer aus der Mühle
1 Teelöffel Bratbutter
4 Thymianzweige
100 ml roter Portwein
25 g Butter

◆ Den Backofen auf 80 Grad vorheizen und eine Platte mitwärmen.
◆ Reichlich Wasser aufkochen. Die Zwiebelchen hineingeben und 1 Minute blanchieren. Abschütten und kalt abschrecken. Den Wurzelansatz wegschneiden und die Zwiebelchen aus der Schale drücken.
◆ Die Schweinssteaks beidseitig mit Salz und Pfeffer würzen. In der heissen Bratbutter je nach Dicke 3–4 Minuten braten. Sofort auf die vorgewärmte Platte geben und im 80 Grad heissen Ofen 20–30 Minuten nachgaren lassen.
◆ Im Bratensatz die Saucenzwiebelchen anbraten. Die Hälfte des Thymians als ganze Zweige sowie den Portwein beifügen und alles bei mittlerer Hitze auf knapp 100 ml (die 1-Portionen-Menge auf knapp 50 ml) einkochen lassen.
◆ Inzwischen die restlichen Thymianblättchen von den Zweigen zupfen.
◆ Die ganzen Thymianzweige aus der Sauce entfernen. Die frischen Thymianblättchen beifügen. Die Butter flockenweise in die leicht kochende Sauce geben und einziehen lassen. Mit Salz und Pfeffer abschmecken.
◆ Nach Belieben die Schweinssteaks quer zur Faser in Scheiben aufschneiden. Anrichten und mit Portwein-Zwiebel-Sauce umgiessen.

Dazu passt:
◆ Kleine Wildreisröstis (Seite 103)
◆ Gemüse-Weizotto (Seite 104)
◆ Italienisches Kartoffelpüree (Seite 105)
◆ Gewürfelte Bratkartoffeln
◆ Teigwaren
◆ Weissweinrisotto

Zubereitungsart auch geeignet für:
◆ Schweins- oder Kalbsschnitzel: Schweinsschnitzel 2–3 Minuten, Kalbsschnitzel 1½–2 Minuten braten und bei 80 Grad 15–20 Minuten nachgaren lassen.
◆ Schweins- oder Kalbskoteletts: Je nach Dicke 5–6 Minuten braten und bei 80 Grad 30 Minuten nachgaren lassen.
◆ Lammrückenfilets: Je nach Dicke 4–6 Minuten braten und bei 80 Grad 20–30 Minuten nachgaren lassen.
◆ Pouletbrüstchen: Auf mittlerer Hitze je nach Dicke 5–8 Minuten braten und bei 80 Grad 20–30 Minuten nachgaren lassen.

Oben: Mariniertes Schweinskotelett mit Peperoni, Rezept Seite 68
Mitte: Schweinsfiletgeschnetzeltes mit Pilzen, Rezept Seite 65
Unten: Schweinssteak mit Portweinzwiebelchen

Mariniertes Schweinskotelett mit Peperoni

Für 4 Personen
Je 2 rote und gelbe Peperoni (Paprika)
1 Bund Thymian
100 ml Olivenöl
½ Esslöffel Senf
2 Esslöffel Balsamicoessig
schwarzer Pfeffer aus der Mühle
4 Schweinskoteletts
Salz
50 ml Portwein

Für 1 Person
1 rote oder gelbe Peperoni (Paprika)
¼ Bund Thymian
3 Esslöffel Olivenöl
½ Teelöffel Senf
1 Teelöffel Balsamicoessig
schwarzer Pfeffer aus der Mühle
1 Schweinskotelett
Salz
2–3 Esslöffel Portwein

◆ Den Backofen auf 220 Grad vorheizen.
◆ Die Peperoni waschen und mit Küchenpapier trocknen. Auf ein Backblech legen und auf der mittleren Rille des vorgeheizten Ofens backen, bis die Haut aufspringt. Herausnehmen, in ein Vorratsgefäss, einen Plastikbeutel oder einen Topf legen, möglichst dicht verschliessen und gut 5 Minuten ruhen lassen.
◆ Inzwischen die Ofenhitze auf 80 Grad reduzieren; die Ofentüre geöffnet lassen, bis die Temperatur abgesunken ist. Eine Platte in den Ofen stellen und vorwärmen.
◆ Die Thymianblättchen von den Zweigen zupfen. Zusammen mit Olivenöl, Senf, Balsamicoessig und frisch gemahlenem Pfeffer zu einer Marinade rühren. Die Koteletts mit der Hälfte der Marinade bestreichen.
◆ Die Peperoni häuten. Die Früchte halbieren, entkernen, dann in etwa 2 cm breite Streifen schneiden. Mit der restlichen Marinade bestreichen.
◆ Eine Bratpfanne trocken erhitzen. Die Koteletts beidseitig salzen und ohne Fettzugabe je nach Grösse 5–6 Minuten braten. Sofort auf die vorgewärmte Platte geben und im 80 Grad heissen Ofen 30 Minuten nachgaren lassen. Die Bratpfanne beiseite stellen.
◆ Kurz vor dem Servieren die Peperoni gut abtropfen lassen und in der wieder erhitzten Bratpfanne unter Wenden 2 Minuten braten. Neben dem Fleisch anrichten.
◆ Die verbliebene Marinade und den Portwein zum Bratensatz geben und kurz aufkochen lassen. Über das Fleisch träufeln. Sofort servieren.

Dazu passt:
◆ Zucchini-Kartoffel-Küchlein (Seite 100)
◆ Neue Kartoffeln mit Frühlingszwiebeln (Seite 100)
◆ Rucolarisotto (Seite 104)
◆ Bratkartoffeln

Zubereitungsart auch geeignet für:
◆ Schweinsfilet: Das Fleisch in gut ½ cm dicke Scheiben schneiden, dann nach Rezept weiterfahren, 2–3 Minuten braten und bei 80 Grad 15–20 Minuten nachgaren lassen.
◆ Schweins- oder Kalbssteak: Je nach Dicke 3–4 Minuten braten und bei 80 Grad 20–30 Minuten nachgaren lassen.
◆ Lammkoteletts: Je nach Dicke 2–3 Minuten braten und bei 80 Grad 20–30 Minuten nachgaren lassen.
◆ Lammchops: Je nach Dicke 3–4 Minuten braten und bei 80 Grad 20–30 Minuten nachgaren lassen.

Schweinsschnitzel mit Chimichurri

Für 4 Personen
2 grosse Rosmarinzweige
2–3 Esslöffel Olivenöl
Salz, schwarzer Pfeffer aus der Mühle
8 Schweinsschnitzel
1 Esslöffel Bratbutter

Chimichurri:
2 grosse Schalotten
2–3 Knoblauchzehen
2 Peperoncini (italienische Pfefferschoten) oder 2–3 kleine rote Chilischoten
2 grosse Rosmarinzweige
½ Bund Thymian
½ Bund Oregano
1 Bund glattblättrige Petersilie
4 grosse Salbeiblätter
abgeriebene Schale von 1 Zitrone
1 Teelöffel edelsüsser Paprika
1 Teelöffel Salz
75 ml Rotweinessig
100 ml Wasser
75 ml Olivenöl

Für 1 Person
1 Rosmarinzweig
1–1½ Esslöffel Olivenöl
Salz, schwarzer Pfeffer aus der Mühle
2 Schweinsschnitzel
1 Teelöffel Bratbutter

Chimichurri:
1 Schalotte
1 Knoblauchzehe
½ Peperoncino (italienische Pfefferschote) oder 1 kleine rote Chilischote
1 kleiner Rosmarinzweig
4 Thymianzweige
3–4 Oreganozweige
2–3 Petersilienzweige
1 Salbeiblatt
abgeriebene Schale von ⅓ Zitrone
⅓ Teelöffel edelsüsser Paprika
⅓ Teelöffel Salz
3 Esslöffel Rotweinessig
4 Esslöffel Wasser
3 Esslöffel Olivenöl

◆ Den Backofen auf 80 Grad vorheizen und eine Platte mitwärmen.
◆ Die Rosmarinnadeln von den Zweigen zupfen und sehr fein hacken. Mit dem Olivenöl, Salz und frisch gemahlenen Pfeffer mischen. Die Schweinsschnitzel damit bestreichen.
◆ Die Bratbutter erhitzen. Die Schweinsschnitzel darin 2–3 Minuten braten (evtl. in 2 Portionen). Dann sofort auf die vorgewärmte Platte geben und im 80 Grad heissen Ofen 15–20 Minuten nachgaren lassen.
◆ Für die Chimichurrisauce die Schalotten und den Knoblauch so fein als möglich hacken. Die Peperoncini oder Chilischoten der Länge nach halbieren, entkernen und in feinste Streifchen schneiden; Chilischoten anschliessend noch hacken. Rosmarinnadeln, Thymian-, Oregano- und Petersilienblättchen von den Zweigen zupfen und zusammen mit den Salbeiblättern fein hacken. Alle diese Zutaten in eine Schüssel geben, Zitronenschale, Paprika und Salz beifügen.
◆ Essig und Wasser dazugeben und gut verrühren. Dann das Olivenöl beifügen.
◆ Vor dem Servieren etwas Chimichurrisauce über die Schweinsschnitzel träufeln, den Rest separat dazu servieren.

Tip:
Diese südamerikanische Sauce hält sich – gut verschlossen in einem Glas – etwa 1 Woche im Kühlschrank.

Dazu passt:
◆ Gebratene chinesische Kefen (Seite 103)
◆ Ausgebackene Tomaten (Seite 102)
◆ Zucchini im Bierteig (Seite 102)
◆ Neue Kartoffeln mit Frühlingszwiebeln (Seite 100)
◆ Gemüse-Weizotto (Seite 104)
◆ Gebratene Spargeln (Seite 101)
◆ Bratkartoffeln

Zubereitungsart auch geeignet für:
◆ Schweinsfilet: In gut ½ cm dicke Scheiben schneiden, 2–3 Minuten braten und bei 80 Grad 15–20 Minuten nachgaren lassen.
◆ Schweinskotelett: Je nach Dicke 5–6 Minuten braten und bei 80 Grad 30 Minuten nachgaren lassen.
◆ Rind: Gut gelagerte Huft in etwa ½ cm dicke Schnitzel schneiden, 1½–2 Minuten braten und bei 80 Grad 20–30 Minuten nach-

garen lassen. Entrecôte double (300–400 g) je nach Dicke und gewünschter Garstufe (blutig oder rosa) rundum 4–6 Minuten braten und bei 80 Grad 20–30 Minuten nachgaren lassen.

Curry-Fleischstreifen mit Frühlingszwiebeln und Peperoni

Für 4 Personen
400–500 g Schweinsschnitzel oder Schweinsfilet
Salz, schwarzer Pfeffer aus der Mühle
wenig Mehl zum Bestäuben
3–4 Esslöffel Öl
2 Esslöffel Curry
6 Frühlingszwiebeln oder 2 grosse Stangen Lauch
1 grüne Peperoni (Paprika)
1–2 Esslöffel Sojasauce
50 ml Fleischbouillon

Für 1 Person
100–125 g Schweinsschnitzel oder Schweinsfilet
Salz, schwarzer Pfeffer aus der Mühle
wenig Mehl zum Bestäuben
2 Esslöffel Öl
1 Teelöffel Curry
2 Frühlingszwiebeln oder 1 Stange Lauch
½ grüne Peperoni (Paprika)
1 Esslöffel Sojasauce
2 Esslöffel Fleischbouillon oder Wasser

◆ Den Ofen auf 70 Grad vorheizen und eine Platte mitwärmen.
◆ Schweinsschnitzel in Streifen, Filet zuerst in dünne Scheiben, dann diese in Vierecke schneiden. Mit Salz und Pfeffer würzen. Wenig Mehl in ein Sieb geben und das Fleisch damit fein bestäuben.
◆ Eine Bratpfanne trocken erhitzen. Die Hälfte des Öls hineingeben. Das Fleisch darin zuerst auf der einen Seite ohne Wenden 1½ Minuten braten. Dann auf der zweiten Fleischseite nur noch ½–1 Minute fertig braten, dabei mit einem Drittel des Currypulvers bestreuen. Sofort auf die vorgewärmte Platte geben und im 70 Grad heissen Ofen 15–20 Minuten nachgaren lassen. Die Bratpfanne beiseite stellen.
◆ Die Frühlingszwiebeln mitsamt schönem Grün oder den Lauch schräg in Ringe schneiden. Die Peperoni halbieren, entkernen und in dünne Streifchen schneiden.
◆ Kurz vor dem Servieren das restliche Öl in der Bratpfanne erhitzen. Die Peperonistreifen beifügen und unter Wenden 3–4 Minuten braten. Dann Frühlingszwiebeln oder Lauch beifügen, das restliche Currypulver darüber stäuben und alles 1–2 Minuten mitdünsten. Die Sojasauce und die Bouillon beifügen und alles noch kurz kochen lassen. Mit dem Fleisch mischen und sofort servieren.

Dazu passt:
◆ Gemüse-Weizotto (Seite 104)
◆ Trockenreis

Zubereitungsart auch geeignet für:
◆ Rindshuft: Fleisch in schmale Streifen schneiden, dann nach Rezept weiterfahren. Evtl. in 2–3 Portionen braten, jedoch insgesamt nur 1½ Minuten.
◆ Lamm: Lammfilets, Lammhuft oder entbeinte Lammkeule (Gigot) in Streifen schneiden und nach Rezept zubereiten.

Oben: Curry-Fleischstreifen mit Frühlingszwiebeln und Peperoni
Unten: Schweinsschnitzel mit Chimichurri, Rezept Seite 69

Kräftig und charaktervoll

Lammspiess mit exotischem Reis, Rezept
Seite 96

Minuten-Gulasch

Für 4 Personen
600 g gut gelagerte Rindshuft, Hohrücken oder Filetspitz
Salz, schwarzer Pfeffer aus der Mühle
1–2 Esslöffel Bratbutter
2 Zwiebeln
1 Esslöffel Butter
1 Esslöffel edelsüsser Paprika
1 Esslöffel Tomatenpüree
150 ml Rotwein
150 ml Crème fraîche
150 ml Rahm

Für 1 Person
150 g gut gelagerte Rindshuft, Hohrücken oder Filetspitz
Salz, schwarzer Pfeffer aus der Mühle
½ Esslöffel Bratbutter
1 kleinere Zwiebel
1 Teelöffel Butter
gut ½ Teelöffel edelsüsser Paprika
1 Teelöffel Tomatenpüree
50 ml Rotwein
2 Esslöffel Crème fraîche
2 Esslöffel Rahm

◆ Den Backofen auf 70 Grad vorheizen und eine Platte mitwärmen.
◆ Das Fleisch zuerst in dünne Scheiben, dann diese in Vierecke von 2×2 cm schneiden.
◆ Das Fleisch in 3 Portionen teilen. Jede Portion unmittelbar vor dem Braten salzen und pfeffern. Dann sofort in der sehr heissen Bratbutter auf der ersten Seite ohne zu Wenden knapp 1 Minute braten. Dann auf der zweiten Seite nur noch 20 Sekunden weiterbraten. Das Fleisch sofort auf die vorgewärmte Platte geben und im 70 Grad heissen Ofen 15–20 Minuten nachgaren lassen.
◆ Den Bratensatz mit 2–3 Esslöffeln Wasser auflösen, durch ein Sieb giessen und für die Zubereitung der Sauce beiseite stellen.
◆ Die Zwiebeln halbieren und in feine Streifen schneiden. In der Butter unter Wenden 5 Minuten dünsten.
◆ Das Paprikapulver darüber stäuben und kurz mitdünsten. Dann das Tomatenpüree, den Rotwein und den Bratenjus beifügen und zur Hälfte einkochen lassen.
◆ Etwas heisse Saucenflüssigkeit mit der Crème fraîche und dem Rahm verrühren. Zur Sauce geben und diese noch so lange kochen lassen, bis sie leicht cremig bindet. Mit Salz, Pfeffer und Paprika abschmecken. Vor dem Servieren sehr heiss über das Fleisch geben.

Tip:
Nach Belieben kann man zusammen mit den Zwiebeln auch in Streifen geschnittene rote Peperoni (Paprika) mitdünsten.

Dazu passt:
◆ Rucolarisotto (Seite 104)
◆ Zucchini-Kartoffel-Küchlein (Seite 100)
◆ Kleine Wildreisröstis (Seite 103)
◆ Tomaten-Kräuter-Polenta (Seite 106)
◆ Gemüse-Weizotto (Seite 104)
◆ Italienisches Kartoffelpüree (Seite 105)
◆ Feine Nudeln
◆ In der Schale gebratene, kleine Kartoffeln

Zubereitungsart auch geeignet für:
◆ Lamm: Lammfilets oder entbeinte Lammkeule (Gigot) zuerst in dünne Scheiben, dann diese in kleine Vierecke oder schmale Streifen schneiden und wie im Rezept beschrieben zubereiten, jedoch auf der zweiten Seite etwa 45 Sekunden braten.
◆ Schweinsfilet: Fleisch zuerst in dünne Scheiben, dann diese in Streifen oder Vierecke schneiden und wie im Rezept beschrieben zubereiten, jedoch auf der zweiten Seite 45–60 Sekunden braten.
◆ Pouletbrüstchen: Fleisch in Würfel schneiden, in mehreren Portionen je nach Grösse 2–3 Minuten braten und bei 80 Grad im Ofen 15–20 Minuten nachgaren lassen.

Minuten-Gulasch, dazu Rucolarisotto, Rezept Seite 104

Chinesisches Rindfleisch mit Pilzen und Gemüse

Für 4 Personen
30 g getrocknete oder 300 g frische Shiitake-Pilze
5 g getrocknete Muh-err-Pilze (Judasohren)
400 g gut gelagerte Rindshuft oder Hohrücken
Salz, schwarzer Pfeffer aus der Mühle
3–4 Esslöffel Öl
1 Zwiebel
20 g kandierter oder in Zuckersirup eingelegter Ingwer
250 g Kefen (evtl. tiefgekühlt)
2 rote Chilischoten
3 Esslöffel Austernsauce
2 Esslöffel Sojasauce
100 ml Hühnerbouillon
2 Teelöffel Speisestärke (z.B. Maizena)
50 ml Reiswein oder Sherry
30 g Erdnusskerne (ungesalzen)
einige Tropfen Sesamöl

Für 1 Person
10 g getrocknete oder 100 g frische Shiitake-Pilze
1 Esslöffel getrocknete Muh-err-Pilze (Judasohren)
100 g gut gelagerte Rindshuft oder Hohrücken
Salz, schwarzer Pfeffer aus der Mühle
2 Esslöffel Öl
1 kleine Zwiebel
5 g kandierter oder in Zuckersirup eingelegter Ingwer
75 g Kefen (evtl. tiefgekühlt)
½ rote Chilischote
1 Esslöffel Austernsauce
1 Esslöffel Sojasauce
2–3 Esslöffel Hühnerbouillon
½ Teelöffel Speisestärke (z.B. Maizena)
2 Esslöffel Reiswein oder Sherry
1 gehäufter Esslöffel Erdnusskerne (ungesalzen)
1–2 Tropfen Sesamöl

◆ Den Backofen auf 70 Grad vorheizen und eine Platte mitwärmen.
◆ Die getrockneten Pilze getrennt in warmem Wasser einweichen.
◆ Die Rindshuft zuerst in dünne Scheiben, dann diese in Streifen schneiden.
◆ Das Fleisch in zwei Portionen teilen. Jede Portion unmittelbar vor dem Braten salzen und pfeffern. Dann sofort in etwas sehr heissem Öl auf der ersten Seite ohne zu Wenden knapp 1 Minute braten. Dann auf der zweiten Seite nur noch 20 Sekunden weiterbraten. Das Fleisch sofort auf die vorgewärmte Platte geben und im 70 Grad heissen Ofen 15–20 Minuten nachgaren lassen. Die Pfanne beiseite stellen.
◆ Die eingeweichten Pilze kurz unter fliessendem Wasser spülen; von den Shiitake-Pilzen den harten Stiel entfernen.
◆ Die Zwiebel und den Ingwer fein hacken. Die Kefen rüsten und schräg in Rhomben schneiden. Die Chilischoten halbieren, entkernen, in Streifchen schneiden und diese hacken.
◆ Das restliche Öl zum Bratensatz geben. Die Zwiebel darin andünsten. Pilze, Kefen, Ingwer und Chilischoten beifügen und unter Wenden 3–4 Minuten mitbraten. Die Austern- und Sojasauce sowie Bouillon dazugiessen und alles einmal kräftig aufkochen.
◆ Die Speisestärke mit Reiswein oder Sherry anrühren, beifügen und nochmals aufkochen.
◆ Das Fleisch und die Erdnusskerne beifügen, alles gut mischen, mit Sesamöl parfümieren und sofort servieren.

Tip:
Anstelle von Kefen kann man auch andere Gemüse (z.B. Karotten, grüne Bohnen, Stangensellerie, Peperoni/Paprika u.a.) verwenden.

Dazu passt:
◆ Trockenreis
◆ Chinesische Eiernudeln

Zubereitungsart auch geeignet für:
◆ Schweinsfilet: Fleisch zuerst in Scheiben, dann diese in Streifen schneiden, wie beschrieben zubereiten, jedoch auf der zweiten Seite 45–60 Sekunden braten.
◆ Pouletbrüstchen: Fleisch in Würfel schneiden, in mehreren Portionen je nach Grösse 2–3 Minuten braten und bei 80 Grad im Ofen 15–20 Minuten nachgaren lassen.

Chinesisches Rindfleisch mit Pilzen und Gemüse

Rindswürfel an Pfefferrahmsauce

Für 4 Personen
500–600 g gut gelagerte Rindshuft, Hohrücken oder Filetspitz
Salz, Pfeffer aus der Mühle
1 Esslöffel Bratbutter
50 ml trockener Portwein oder Sherry
etwa 20 schwarze Pfefferkörner
1 Teelöffel Butter
200 ml Kalbsfond oder leichte Bouillon
100 ml Doppelrahm
je 1 Esslöffel eingelegte grüne und rote Pfefferkörner
einige Tropfen Cognac

Für 1 Person
125–150 g gut gelagerte Rindshuft, Hohrücken oder Filetspitz
Salz, Pfeffer aus der Mühle
½ Esslöffel Bratbutter
2–3 Esslöffel trockener Portwein oder Sherry
5–6 schwarze Pfefferkörner
1 Teelöffel Butter
50 ml Kalbsfond oder leichte Bouillon
3 Esslöffel Doppelrahm
je 5–6 eingelegte grüne und rote Pfefferkörner
einige Tropfen Cognac

◆ Den Backofen auf 70 Grad vorheizen und eine Platte mitwärmen.
◆ Das Fleisch in etwa 2 cm grosse Würfel schneiden. In 2 Portionen teilen. Jede Portion unmittelbar vor dem Braten salzen und pfeffern. Jeweils in der Hälfte der heissen Bratbutter je nach Grösse der Fleischwürfel 1½–2 Minuten braten, dabei erst nach etwa 45 Sekunden erstmals wenden. Das Fleisch sofort auf die vorgewärmte Platte geben und im 70 Grad heissen Ofen 15–20 Minuten nachgaren lassen.
◆ Den Bratensatz mit dem Portwein oder Sherry auflösen und beiseite stellen.
◆ Die schwarzen Pfefferkörner grob zerstossen. In der warmen Butter anrösten, damit sie ihr Aroma entfalten. Kalbsfond oder Bouillon sowie Bratensatz beifügen und alles gut zur Hälfte einkochen lassen. Die Sauce durch ein Sieb abgiessen. In die Pfanne zurückgeben.
◆ Den Rahm beifügen und die Sauce noch so lange kochen lassen, bis sie leicht bindet.
◆ Die grünen und roten Pfefferkörner kurz unter warmem Wasser spülen und in die Sauce geben. Diese mit wenig Cognac und Salz abschmecken. Über die Rindswürfel geben und sofort servieren.

Dazu passt:
◆ Neue Kartoffeln mit Frühlingszwiebeln (Seite 100)
◆ Gemüse-Weizotto (Seite 104)
◆ Peperoni mit Oliven und Kapern (Seite 103)
◆ Gebratene Spargeln (Seite 101)
◆ Rucolarisotto (Seite 104)
◆ Teigwaren

Zubereitungsart auch geeignet für:
◆ Lammrückenfilet: In etwa 2 cm dicke Medaillons schneiden, 1½–2 Minuten braten und bei 80 Grad 15–20 Minuten nachgaren lassen.
◆ Schweinsschnitzel: Je nach Dicke 2–3 Minuten braten und bei 80 Grad 15–20 Minuten nachgaren lassen.
◆ Pouletbrüstchen: Fleisch in Würfel schneiden, in Portionen je nach Grösse 2–3 Minuten braten und bei 80 Grad 15–20 Minuten nachgaren lassen.

Oben: Kalabrische Lammkoteletts, Rezept Seite 97
Unten: Rindswürfel an Pfefferrahmsauce

Geschnetzelte Rindshuft mit Peperoni

Für 4 Personen
400–500 g gut gelagerte Rindshuft
Salz, schwarzer Pfeffer aus der Mühle
3–4 Esslöffel Olivenöl
je 1 rote, gelbe und grüne Peperoni (Paprika)
1 Peperoncino (italienische Pfefferschote)
1 Zwiebel
2 Knoblauchzehen
1 Bund Schnittlauch
50 ml trockener Sherry
100 ml Fleischbouillon
2–3 Esslöffel Sojasauce

Für 1 Person
100–125 g gut gelagerte Rindshuft
Salz, schwarzer Pfeffer aus der Mühle
1–2 Esslöffel Olivenöl
1 rote oder gelbe Peperoni (Paprika)
⅓ Peperoncino
1 kleine Zwiebel
1 kleine Knoblauchzehe
⅓ Bund Schnittlauch
2 Esslöffel trockener Sherry
3–4 Esslöffel Fleischbouillon
1 Esslöffel Sojasauce

◆ Den Backofen auf 70 Grad vorheizen und eine Platte mitwärmen.
◆ Die Rindshuft zuerst in dünne Scheiben, dann diese in schmale Streifen schneiden. In 2 Portionen teilen. Jede Portion unmittelbar vor dem Braten salzen und pfeffern. Jeweils in etwas sehr heissem Olivenöl nur gerade 1 Minute braten. Sofort auf die vorgewärmte Platte geben und 15–20 Minuten nachgaren lassen. Die Pfanne beiseite stellen.
◆ Die Peperoni halbieren, entkernen, dann in Streifen schneiden. Den Peperoncino der Länge nach halbieren, entkernen und in feine Streifchen schneiden. Die Zwiebel halbieren und in Streifen, den Knoblauch in Scheibchen, den Schnittlauch in Röllchen schneiden.
◆ Kurz vor dem Servieren etwas Olivenöl in die Pfanne zum Bratensatz geben. Peperoni, Peperoncino, Zwiebel und Knoblauch darin unter Wenden 2–3 Minuten dünsten. Dann den Sherry beifügen und fast vollständig einkochen lassen. Die Bouillon und die Sojasauce dazugeben und alles noch 1–2 Minuten kochen lassen.
◆ Das Fleisch unter das Gemüse mischen, alles zurück auf die Platte geben und mit dem Schnittlauch bestreuen.

Dazu passt:
◆ Rucolarisotto (Seite 104)
◆ Trockenreis
◆ In der Schale gebratene, kleine Kartoffeln

Zubereitungsart auch geeignet für:
◆ Lamm: Lammfilets, Lammhuft oder entbeinte Lammkeule (Gigot) zuerst in dünne Scheiben, dann diese in Streifen schneiden, in Portionen je 1½–2 Minuten braten und bei 70 Grad 15–20 Minuten nachgaren lassen.
◆ Schweinefleisch: Filet oder Schnitzel in schmale Streifen schneiden, in Portionen je 1½–2 Minuten braten und bei 70 Grad 15–20 Minuten nachgaren lassen.
◆ Pouletbrüstchen: Zuerst in Scheiben, dann in schmale Streifen schneiden, in Portionen je 1½–2 Minuten braten und bei 80 Grad 15–20 Minuten nachgaren lassen.

Geschnetzelte Rindshuft mit Peperoni

Rumpsteak mit Cherrytomaten an Joghurtsauce

Für 4 Personen
12–16 Cherrytomaten (Kirschtomaten), je nach Grösse
Salz, schwarzer Pfeffer aus der Mühle
4 Rumpsteaks, je ca. 125 g schwer
2–3 Esslöffel Olivenöl
2–3 Scheiben Toastbrot
1 Zweig Rosmarin
1 Becher Joghurt nature (180 g)
1 Knoblauchzehe
1 Esslöffel Butter

Für 1 Person
4 Cherrytomaten (Kirschtomaten)
Salz, schwarzer Pfeffer aus der Mühle
1 Rumpsteak, ca. 125 g schwer
1–2 Esslöffel Olivenöl
½ Scheibe Toastbrot
wenig frische Rosmarinnadeln
3 Esslöffel Joghurt nature
¼ Knoblauchzehe
1 Teelöffel Butter

◆ Den Backofen auf 80 Grad vorheizen und eine Platte mitwärmen.
◆ Die Cherrytomaten halbieren und die Schnittflächen mit Salz und Pfeffer bestreuen.
◆ Den Fettrand der Rumpsteaks 2–3 Mal einschneiden. Die Steaks beidseitig mit Salz und Pfeffer würzen. Im heissen Olivenöl je nach Dicke und gewünschter Garstufe (blutig oder rosa) 2–3 Minuten braten. Sofort auf die vorgewärmte Platte geben und im 80 Grad heissen Ofen 20–30 Minuten nachgaren lassen.
◆ Wenn nötig etwas Olivenöl zum Bratensatz geben. Die Cherrytomaten beifügen und unter Wenden gut 1 Minute braten. Zum Fleisch im Ofen geben. Die Pfanne mit Küchenpapier auswischen und beiseite stellen.
◆ Das Toastbrot klein würfeln. Die Rosmarinnadeln fein hacken. Beides in einer Schüssel mischen.
◆ Den Joghurt mit etwas Salz verrühren und den Knoblauch dazupressen.
◆ Unmittelbar vor dem Servieren die Butter in der Bratpfanne schmelzen. Brotwürfelchen und Rosmarin darin golden rösten. Über die Rumpsteaks verteilen. Die Joghurtsauce separat dazu servieren.

Dazu passt:
◆ Zucchini-Kartoffel-Küchlein (Seite 100)
◆ Gebratene chinesische Kefen (Seite 103)
◆ Zucchini im Bierteig (Seite 102)
◆ Neue Kartoffeln mit Frühlingszwiebeln (Seite 100)
◆ Safrannudeln mit Broccoli und Peperoncino (Seite 105)
◆ Gemüse-Weizotto (Seite 104)
◆ Rucolarisotto (Seite 104)
◆ Gebratene Spargeln (Seite 101)

Zubereitungsart auch geeignet für:
◆ Lammchops: Je nach Dicke 3–4 Minuten braten und bei 80 Grad 20–30 Minuten nachgaren lassen.
◆ Pouletbrüstchen: Je nach Grösse auf mittlerer Hitze 5–8 Minuten braten und bei 80 Grad 20–30 Minuten nachgaren lassen.

Rumpsteak mit Cherrytomaten an Joghurtsauce

Pfeffersteak

Für 4 Personen
Je 1 Teelöffel schwarze, weisse, grüne und rote Pfefferkörner oder 2 Esslöffel drei- oder vierfarbige Pfeffermischung
2 Entrecôtes doubles, je 300–400 g schwer
Salz
2–3 Esslöffel Olivenöl
50 ml Marsala
1 Frühlingszwiebel oder 1 grosse Schalotte
1 Esslöffel Butter
1 Teelöffel Tomatenpüree
150 ml kräftiger Rotwein
150 ml Doppelrahm

Für 1 Person
Je ¼ Teelöffel schwarze, weisse, grüne und rote Pfefferkörner oder 1 gehäufter Teelöffel drei- oder vierfarbige Pfefferkörnermischung
1 Entrecôte, 125–150 g schwer
Salz
1–2 Esslöffel Olivenöl
3 Esslöffel Marsala
1 kleine Frühlingszwiebel oder Schalotte
1 Teelöffel Butter
1 Teelöffel Tomatenpüree
50 ml Rotwein
3 Esslöffel Doppelrahm

◆ Den Backofen auf 80 Grad vorheizen und eine Platte mitwärmen.
◆ Die Pfefferkörner in einen kleinen Plastikbeutel geben und mit dem Wallholz mittelfein zerstossen (evtl. auch im Mörser).
◆ Die Entrecôtes rundum leicht salzen, dann in der Pfeffermischung wenden und diese gut andrücken.
◆ Das Olivenöl erhitzen. Die Entrecôtes darin je nach Dicke und gewünschter Garstufe (blutig oder rosa) rundum 4–6 Minuten braten (bei der 1-Portionen-Menge das Entrecôte je nach Dicke 2–3 Minuten braten). Sofort auf die vorgewärmte Platte geben und im 80 Grad heissen Ofen 20–30 Minuten nachgaren lassen.
◆ Den Bratensatz mit dem Marsala auflösen und durch ein Sieb giessen. Für die Zubereitung der Sauce beiseite stellen.
◆ Die Frühlingszwiebel mitsamt schönem Grün oder die Schalotte fein schneiden. In der Butter andünsten. Das Tomatenpüree beifügen und kurz mitdünsten. Mit dem beiseite gestellten Bratenjus und dem Rotwein ablöschen. Auf 50 ml einkochen lassen (bei der 1-Portionen-Menge auf 2 Esslöffel). Dann den Doppelrahm beifügen und die Sauce noch so lange kochen lassen, bis sie cremig bindet. Wenn nötig mit Salz abschmecken.
◆ Die Entrecôtes aus dem Ofen nehmen und den ausgetretenen Fleischsaft zur Sauce giessen. Die Fleischstücke quer zur Faser in Tranchen aufschneiden und auf vorgewärmten Tellern anrichten. Mit etwas Sauce umgiessen und sofort servieren.

Dazu passt:
◆ Italienisches Kartoffelpüree (Seite 105)
◆ Gebratene chinesische Kefen (Seite 103)
◆ Ausgebackene Tomaten (Seite 102)
◆ Tomaten-Kräuter-Polenta (Seite 106)
◆ Gemüse-Weizotto (Seite 104)
◆ Rucolarisotto (Seite 104)
◆ In der Schale gebratene, kleine Kartoffeln
◆ Gewürfelte oder in Scheiben geschnittene Bratkartoffeln mit Rosmarin

Zubereitungsart auch geeignet für:
◆ Lammrückenfilet: Die ganzen Filets in der Pfeffermischung wenden, je nach Dicke rundum 4–6 Minuten braten und bei 80 Grad 20–30 Minuten nachgaren lassen.
◆ Schweinsfilet: Das ganze Filet in der Pfeffermischung wenden, je nach Grösse 10–12 Minuten braten und bei 80 Grad 30 Minuten nachgaren lassen.

Pfeffersteak, dazu italienisches Kartoffelpüree, Rezept Seite 105

PANEOLIO
Olio Extra Vergine di Oliva
GRAPPOLINI
IL SENSO DEL BUONO

Gebratenes Rindfleisch mit Mango

Für 4 Personen
500 g gut gelagerte Rindshuft oder Hohrücken
1½ Teelöffel Speisestärke (z. B. Maizena)
2 Esslöffel Sojasauce
2 Esslöffel trockener Sherry
Salz, schwarzer Pfeffer aus der Mühle
½ Teelöffel Zucker
4 Esslöffel Öl
1–2 Mangos, je nach Grösse
3 Frühlingszwiebeln
1 Stück frischer Ingwer, ca. 2 cm lang
4 Knoblauchzehen

Sauce:
2 Esslöffel Sojasauce
3 Esslöffel trockener Sherry
½ Teelöffel Speisestärke

Für 1 Person
125–150 g gut gelagerte Rindshuft oder Hohrücken
½ Teelöffel Speisestärke (z. B. Maizena)
1 Esslöffel Sojasauce
1 Esslöffel trockener Sherry
Salz, schwarzer Pfeffer aus der Mühle
1 Prise Zucker
2 Esslöffel Öl
½ kleine Mango
1 Frühlingszwiebel
1 kleines Stück frischer Ingwer
1 Knoblauchzehe

Sauce:
1 Esslöffel Sojasauce
1 Esslöffel trockener Sherry
1 Messerspitze Speisestärke

◆ Das Fleisch zuerst in möglichst dünne Scheiben, dann diese in Vierecke von 2×2 cm schneiden.
◆ Speisestärke, Sojasauce, Sherry, eine Prise Salz, einige Umdrehungen schwarzen Pfeffer sowie den Zucker verrühren. Über das Fleisch geben, mischen und etwa 10 Minuten marinieren lassen.
◆ Den Backofen auf 70 Grad vorheizen und eine Platte mitwärmen.
◆ Das Fleisch sehr gut abtropfen lassen und in 2 Portionen teilen. Salzen und pfeffern. Jede Portion in etwas sehr heissem Öl auf der ersten Seite ohne zu Wenden knapp 1 Minute braten. Dann auf der zweiten Seite nur noch 20 Sekunden weiterbraten. Das Fleisch sofort auf die vorgewärmte Platte geben und im 70 Grad heissen Ofen 15–20 Minuten nachgaren lassen. Die Pfanne beiseite stellen.
◆ Die Mangos schälen, das Fruchtfleisch vom Stein schneiden, dann in Schnitze teilen. Die Frühlingszwiebeln mitsamt Röhrchen schräg in Ringe schneiden. Den Ingwer schälen, in Scheibchen und diese in ganz feine Streifchen schneiden. Den Knoblauch schälen und fein hacken.
◆ Alle Zutaten für die Sauce zusammen verrühren.
◆ Kurz vor dem Servieren die Pfanne wieder erhitzen und, wenn nötig, etwas Öl nachgeben. Die Frühlingszwiebeln, den Ingwer und den Knoblauch beifügen und unter Wenden gut 1 Minute braten. Dann die Mangoschnitze beifügen und 1 Minute mitbraten.
◆ Das Fleisch beifügen, die angerührte Sauce darüber giessen und alles nur noch so lange kochen lassen, bis die Flüssigkeit leicht bindet. Sofort servieren.

Dazu passt:
◆ Kleine Wildreisröstis (Seite 103)
◆ Trockenreis
◆ Chinesische Eiernudeln

Zubereitungsart auch geeignet für:
◆ Lamm: Lammfilets, Lammhuft oder entbeinte Lammkeule (Gigot) zuerst in dünne Scheiben, dann diese in kleine Vierecke schneiden, in Portionen je 1½–2 Minuten braten und bei 70 Grad 15–20 Minuten nachgaren lassen.
◆ Schweinsfilet: In dünne Scheiben, dann diese in kleine Vierecke schneiden, in Portionen je 1½–2 Minuten braten und bei 70 Grad 15–20 Minuten nachgaren lassen.
◆ Pouletbrüstchen: Zuerst in dünne Scheiben, dann diese in kleine Vierecke schneiden, in Portionen je 1½–2 Minuten braten und bei 80 Grad 15–20 Minuten nachgaren lassen.

Gebratenes Rindfleisch mit Mango

Kräuter-Lammfilets mit Tomaten-Hollandaise

Für 4 Personen
½ Bund Basilikum
½ Bund Petersilie
3 Esslöffel Olivenöl
Salz, schwarzer Pfeffer aus der Mühle
8 Lammfilets (siehe Tip)
100 g Butter
2 Eigelb
1 gehäufter Esslöffel Tomatenpüree
1 Esslöffel Noilly Prat (trockener Wermut) oder trockener Sherry
100 ml saurer Halbrahm

Für 1 Person
1 Zweig Basilikum
1 Zweig Petersilie
½ Esslöffel Olivenöl
Salz, schwarzer Pfeffer aus der Mühle
2 Lammfilets (siehe Tip)
50 g Butter
1 Eigelb
gut ½ Esslöffel Tomatenpüree
½ Esslöffel Noilly Prat (trockener Wermut) oder trockener Sherry
50 ml saurer Halbrahm

◆ Basilikum und Petersilie fein hacken. Mit dem Olivenöl mischen und mit Salz und Pfeffer würzen. Die Lammfilets damit rundum bestreichen und kurz ziehen lassen.
◆ Den Backofen auf 80 Grad vorheizen und eine Platte mitwärmen.
◆ Eine Bratpfanne trocken erhitzen. Die Lammfilets hineingeben und je nach Grösse rundum 2–3 Minuten braten. Sofort auf die vorgewärmte Platte geben und im 80 Grad heissen Ofen 15–20 Minuten nachgaren lassen.
◆ Die Butter auf kleiner Hitze schmelzen. Beiseite stellen.
◆ Die Eigelbe in eine kleine Schüssel oder in ein Pfännchen geben. Über einem heissen Wasserbad beziehungsweise auf mittlerer Hitze mit dem Schwingbesen kräftig schlagen, bis sie sich zu erwärmen beginnen. Dann nach und nach die flüssige Butter unterrühren. Anschliessend das Tomatenpüree, den Noilly Prat oder Sherry und den sauren Halbrahm beifügen. Die Sauce noch so lange weiterschlagen, bis sie cremig bindet. Mit Salz und Pfeffer abschmecken.
◆ Die Lammfilets vor dem Servieren schräg in dicke Scheiben aufschneiden und mit der Sauce auf vorgewärmten Tellern anrichten.

Tip:
Lammfilets sind die kleinen, zarten, gut fingerlangen Stücke, die auf der Unterseite des Lammkarrees liegen.

Dazu passt:
◆ Gebratene Spargeln (Seite 101)
◆ Gebratene chinesische Kefen (Seite 103)
◆ Frühlingsgemüse (Seite 101)
◆ Zucchini im Bierteig (Seite 102)
◆ Peperoni mit Oliven und Kapern (Seite 103)
◆ Neue Kartoffeln mit Frühlingszwiebeln (Seite 100)

Zubereitungsart auch geeignet für:
◆ Alle anderen zarten Lammstücke: Brat- und Nachgarzeiten siehe Tabelle Seite 12.
◆ Rindfleisch: Huftschnitzel je nach gewünschter Garstufe 1½–2 Minuten braten und bei 80 Grad 20–30 Minuten nachgaren lassen; Entrecôte double je nach Dicke und gewünschter Garstufe 4–6 Minuten braten und bei 80 Grad 20–30 Minuten nachgaren lassen.
◆ Pouletbrüstchen: Auf mittlerer Hitze je nach Grösse 5–8 Minuten braten und bei 80 Grad 20–30 Minuten nachgaren lassen.
◆ Kaninchenfilets: Auf mittlerer Hitze 3–4 Minuten braten und bei 70 Grad 15–20 Minuten nachgaren lassen.

Kräuter-Lammfilets mit Tomaten-Hollandaise, dazu gebratene Spargeln, Rezept Seite 101

Lammkoteletts mit feurigen Kartoffeln

Für 4 Personen
12 Lammkoteletts
Salz, schwarzer Pfeffer aus der Mühle
2–3 Esslöffel Olivenöl
750 g kleine Kartoffeln
80 g schwarze Oliven
150 g getrocknete, in Öl eingelegte Tomaten
1 Peperoncino (italienische Pfefferschote)
1 grosser Zweig Rosmarin
3–4 Knoblauchzehen
4 Esslöffel Tomatenöl (von den eingelegten Tomaten)
100 ml Weisswein

Für 1 Person
3 Lammkoteletts
Salz, schwarzer Pfeffer aus der Mühle
1 Esslöffel Olivenöl
200 g kleine Kartoffeln
20 g schwarze Oliven
40 g getrocknete, in Öl eingelegte Tomaten
1 kleines Stück Peperoncino
1 kleiner Zweig Rosmarin
1 Knoblauchzehe
1½ Esslöffel Tomatenöl (von den eingelegten Tomaten)
3 Esslöffel Weisswein

◆ Den Backofen auf 80 Grad vorheizen und eine Platte mitwärmen.
◆ Die Lammkoteletts mit Salz und Pfeffer würzen. In 2 Portionen im heissen Olivenöl je nach Dicke 2–3 Minuten braten. Sofort auf die vorgewärmte Platte geben und im 80 Grad heissen Ofen 20–30 Minuten nachgaren lassen.
◆ Die Kartoffeln in der Schale mit Wasser bedeckt weich kochen.
◆ Inzwischen die Oliven entsteinen und fein hacken. Die Tomaten auf Küchenpapier abtropfen lassen und klein würfeln. Den Peperoncino der Länge nach halbieren, entkernen und in feine Streifchen schneiden. Die Rosmarinnadeln hacken. Den Knoblauch schälen und in Scheibchen schneiden.
◆ Die Kartoffeln abschütten und noch heiss schälen.
◆ In einer grossen, beschichteten Bratpfanne das Tomatenöl erhitzen. Den Knoblauch darin kurz andünsten. Dann Kartoffeln, Tomaten, Peperoncino und Rosmarin beifügen und alles unter Wenden 2–3 Minuten braten.
◆ Den Weisswein dazugiessen und die Oliven beifügen. Die Kartoffeln in der offenen Pfanne unter gelegentlichem sorgfältigem Wenden 5–8 Minuten schmoren lassen, bis sie mit den Würzzutaten gut überzogen sind. Wenn nötig mit Salz und Pfeffer nachwürzen. Die Lammkoteletts auf den Kartoffeln anrichten.

Dazu passt:
◆ Zucchini im Bierteig (Seite 102)
◆ Gebratene Spargeln (Seite 101)
◆ Mit Zwiebeln und Knoblauch gedünsteter Blattspinat

Zubereitungsart auch geeignet für:
◆ Schweinefleisch: Steaks je nach Dicke 2–3 Minuten, Koteletts 5–6 Minuten braten und bei 80 Grad 20–30 Minuten nachgaren lassen.

Lammkoteletts mit feurigen Kartoffeln

Lammrücken mit Orangen-Chutney

Für 4 Personen
2–3 grosse Lammrückenfilets
Salz, schwarzer Pfeffer aus der Mühle
1 Teelöffel frische oder getrocknete Thymianblättchen für das Fleisch
4 Esslöffel Olivenöl
1 gehäufter Esslöffel Tomatenpüree
200 ml roter Portwein
200 ml kräftiger Rotwein
½ Teelöffel frische oder getrocknete Thymianblättchen für die Sauce
75 g Butter

Chutney:
4 Orangen
30 g frischer Ingwer
4 Schalotten
100 g brauner Zucker
100 ml Weissweinessig
1 Teelöffel eingelegter grüner Pfeffer
1 Teelöffel gelbe Senfkörner
1 Messerspitze Salz

Für 1 Person
1 kleines Lammrückenfilet
Salz, schwarzer Pfeffer aus der Mühle
¼ Teelöffel frische oder getrocknete Thymianblättchen für das Fleisch
1–2 Esslöffel Olivenöl
½ Teelöffel Tomatenpüree
50 ml roter Portwein
100 ml kräftiger Rotwein
1 Messerspitze frische oder getrocknete Thymianblättchen für die Sauce
20 g Butter

Chutney:
1 Orange
10 g frischer Ingwer
1 Schalotte
25 g brauner Zucker
2 Esslöffel Weissweinessig
¼ Teelöffel eingelegter grüner Pfeffer
¼ Teelöffel gelbe Senfkörner
1 Prise Salz

◆ Den Backofen auf 80 Grad vorheizen und eine Platte mitwärmen.
◆ Die Lammrückenfilets mit Salz, Pfeffer und Thymian würzen. Im heissen Olivenöl rundum je nach Dicke der Fleischstücke 4–6 Minuten braten. Sofort auf die vorgewärmte Platte geben und im 80 Grad heissen Ofen 20–30 Minuten nachgaren lassen.
◆ Das Tomatenpüree zum Bratensatz geben. Mit dem Portwein und dem Rotwein ablöschen. Den Thymian beifügen und alles auf grosser Hitze auf etwa 100 ml einkochen lassen (die 1-Portionen-Menge auf knapp 50 ml). Beiseite stellen.
◆ Für das Chutney den Saft von 1 Orange auspressen (für das 1-Personen-Rezept nur den aufgefangenen Orangensaft verwenden). Die restlichen Orangen mit einem scharfen Messer mitsamt der weissen Haut schälen. Die Orangenschnitze aus den Trennhäuten schneiden, dabei den austretenden Saft auffangen und das verbliebene Orangenfleisch ausdrücken; beides zum gepressten Saft geben. Die ausgelösten Orangenschnitze klein würfeln.
◆ Den Ingwer schälen und fein hacken. Die Schalotten ebenfalls hacken. Ingwer und Schalotten mit dem Orangensaft, den Orangenwürfelchen, Zucker, Essig, Pfeffer- und Senfkörnern sowie Salz in einen Topf geben. Auf kleiner Hitze 15–20 Minuten dicklich einkochen lassen.
◆ Unmittelbar vor dem Servieren die Sauce nochmals aufkochen. Die Butter in Flocken beifügen und in die Sauce einziehen lassen. Mit Salz und Pfeffer abschmecken.
◆ Die Lammrückenfilets in Scheiben aufschneiden, auf vorgewärmten Tellern anrichten und je etwas Orangen-Chutney darauf geben. Mit Sauce umgiessen und sofort servieren.

Tip:
Das Orangen-Chutney kann sehr gut im voraus zubereitet werden. Es hält sich gut verschlossen in einem Glas im Kühlschrank etwa 1 Woche. Nie direkt aus dem Kühlschrank servieren, immer Zimmertemperatur annehmen lassen.

Dazu passt:
◆ Neue Kartoffeln mit Frühlingszwiebeln (Seite 100)
◆ Kleine Wildreisröstis (Seite 103)
◆ Trockenreis
◆ Bratkartoffeln

Lammrücken mit Orangen-Chutney

Zubereitungsart auch geeignet für:
◆ Schweinsfilet: Filet ganz braten (je nach Grösse 10–12 Minuten) oder in Medaillons schneiden und diese 3–4 Minuten braten; beides bei 80 Grad 20–30 Minuten nachgaren lassen.
◆ Pouletbrüstchen: Auf mittlerer Hitze je nach Grösse 5–8 Minuten braten und bei 80 Grad 20–30 Minuten nachgaren lassen.

Lammwürfel mit Kefen, Cherrytomaten und Perlzwiebeln

Für 4 Personen
400 g Lamm- oder Lammrückenfilets
½ Bund Petersilie
½ Bund Basilikum
4–5 Esslöffel Olivenöl
Salz, schwarzer Pfeffer aus der Mühle
50 ml Madeira
150 g Saucenzwiebelchen
250 g Cherrytomaten (Kirschtomaten)
400 g tiefgekühlte Kefen

Für 1 Person
100 g Lamm- oder Lammrückenfilets
1–2 Zweige Petersilie
1 Zweig Basilikum
2–3 Esslöffel Olivenöl
Salz, schwarzer Pfeffer aus der Mühle
3 Esslöffel Madeira
50 g Saucenzwiebelchen
100 g Cherrytomaten (Kirschtomaten)
100 g tiefgekühlte Kefen

◆ Den Backofen auf 80 Grad vorheizen und eine Platte mitwärmen.
◆ Die Lammfilets in Würfel schneiden.
◆ Petersilie und Basilikum fein hacken.
◆ In einer Bratpfanne die Hälfte des Olivenöls erhitzen. Die Lammwürfel mit Salz und Pfeffer würzen. Im heissen Öl rundum etwa 2 Minuten braten. Die Kräuter beifügen, alles gut mischen, dann sofort auf die vorgewärmte Platte geben und im 80 Grad heissen Ofen 15–20 Minuten nachgaren lassen.
◆ Den Bratensatz mit dem Madeira auflösen und leicht einkochen lassen. Beiseite stellen.
◆ Die Saucenzwiebelchen in kochendes Wasser geben und 1 Minute blanchieren. Abschütten und kalt abschrecken. Den Wurzelansatz wegschneiden und die Zwiebelchen aus der Schale drücken.
◆ Die Cherrytomaten auf der Oberseite kreuzweise leicht einschneiden. 15–20 Sekunden in kochendes Wasser geben, sofort abschütten und kalt abschrecken. Die Tomaten schälen.
◆ Das restliche Olivenöl erhitzen. Die Saucenzwiebelchen darin unter häufigem Wenden 3–4 Minuten braten. Dann die noch gefrorenen oder angetauten Kefen beifügen und alles weitere 3–4 Minuten braten. Zuletzt die Cherrytomaten beifügen und nur noch gut heiss werden lassen. Mit Salz und Pfeffer würzen.
◆ Unmittelbar vor dem Servieren das Fleisch sowie den beiseite gestellten Bratenjus beifügen und alles mischen. Sofort servieren.

Tip:
Werden frische Kefen verwendet, müssen sie nach dem Rüsten zuerst 3–4 Minuten blanchiert werden, bevor man sie brät. Gut eignen sich auch grüne Bohnen, die jedoch ebenfalls vorgekocht werden müssen.

Dazu passt:
◆ Rucolarisotto (Seite 104)
◆ In der Schale gebratene, kleine Kartoffeln

Zubereitungsart auch geeignet für:
◆ Kaninchenfilets: In Würfel schneiden, 3–4 Minuten braten und bei 70 Grad 15–20 Minuten nachgaren lassen.
◆ Pouletbrüstchen: In Würfel schneiden, 2–3 Minuten braten und bei 80 Grad 15–20 Minuten nachgaren lassen.

Lammwürfel mit Kefen, Cherrytomaten und Perlzwiebeln

Lammspiess mit exotischem Reis

Für 4 Personen
2–3 Lammrückenfilets, je nach Grösse
1 Knoblauchzehe
1 Esslöffel Limonen- oder Zitronensaft
50 ml Olivenöl
1 Esslöffel Sambal Oelek (scharfe Pfefferschotenpaste) oder etwa 12 Tropfen Tabasco
6 Frühlingszwiebeln
etwas Salz

Reis:
150 Langkornreis
Salz
1 Mango
1 kleine rote Peperoni (Paprika)
1 grosse Schalotte
1 Stück frischer Ingwer, etwa 2 cm lang
2 Esslöffel Butter
25 g Sultaninen
1 Teelöffel Curry
½ Teelöffel Zimt

Für 1 Person
1 kleineres Lammrückenfilet
½ Knoblauchzehe
1 Teelöffel Limonen- oder Zitronensaft
2 Esslöffel Olivenöl
½ Teelöffel Sambal Oelek (scharfe Pfefferschotenpaste) oder einige Tropfen Tabasco
1 Frühlingszwiebel
etwas Salz

Reis:
50 g Langkornreis
Salz
½ kleine Mango
½ kleine Peperoni (Paprika)
1 kleine Schalotte
nach Belieben 1 kleines Stück frischer Ingwer oder etwas Ingwerpulver
1 Esslöffel Butter
1 gehäufter Teelöffel Sultaninen
⅓ Teelöffel Curry
1 Messerspitze Zimt

◆ Den Backofen auf 70 Grad vorheizen und eine Platte mitwärmen.
◆ Die Lammrückenfilets in etwa 1 cm dicke Scheiben schneiden.
◆ Den Knoblauch schälen und durchpressen. Mit dem Limonen- oder Zitronensaft, dem Olivenöl und dem Sambal Oelek oder Tabasco mischen. Die Fleischscheiben in die Marinade legen und mindestens 10 Minuten ziehen lassen.
◆ Inzwischen die Frühlingszwiebeln rüsten; schöne Stängelteile werden mitverwendet. Die Zwiebeln schräg in etwa 4 cm lange Stücke schneiden.
◆ Auf vier Spiesse abwechselnd Lammscheiben (quer durchstechen) und Frühlingszwiebeln stecken. Salzen.
◆ Eine Bratpfanne trocken erhitzen. Die Spiesse hineingeben und zuerst auf der einen Seite 1½ Minuten, dann auf der zweiten Seite nur noch 30–40 Sekunden braten. Auf die vorgewärmte Platte geben und im 70 Grad heissen Ofen 15–20 Minuten nachgaren lassen.
◆ Den Reis in reichlich kochendem Salzwasser je nach Sorte 12–15 Minuten nicht zu weich garen. In ein Sieb abschütten und unter kaltem Wasser abschrecken. Gut abtropfen lassen.
◆ Während der Reis kocht, die Mango schälen und in Würfelchen schneiden. Die Peperoni entkernen und ebenfalls klein würfeln. Die Schalotte fein hacken. Den Ingwer schälen und fein reiben.
◆ Die Butter erhitzen. Peperoni, Schalotte, Ingwer und Sultaninen 3–4 Minuten dünsten. Den Reis und die Mangowürfelchen untermischen und mit Curry sowie Zimt pikant würzen. Den Reis nur noch gut heiss werden lassen. Die Fleischspiesse darauf anrichten.

Zubereitungsart auch geeignet für:
◆ Pouletbrüstchen: Wie im Rezept beschrieben zubereiten, jedoch bei 80 Grad nachgaren lassen.
◆ Kaninchenfilets: Fleisch in grosse Würfel schneiden, marinieren, mit den Zwiebeln an Spiesse stecken, etwas weniger heiss als die Lammspiesse während insgesamt etwa 3 Minuten braten und bei 70 Grad 15–20 Minuten nachgaren lassen.
◆ Schweinsfilet: Wie im Rezept beschrieben zubereiten, jedoch bei 80 Grad nachgaren lassen.

Kalabrische Lammkoteletts

Für 4 Personen
50 ml Olivenöl für die Marinade
1 Teelöffel getrockneter Oregano
schwarzer Pfeffer aus der Mühle
12–16 Lammkoteletts, je nach Grösse
Salz
500 g Tomaten
100 g grüne Oliven
1 Bund glattblättrige Petersilie
1 kleine Zwiebel
2 Knoblauchzehen
2–3 Esslöffel Olivenöl für die Sauce

Für 1 Person
2 Esslöffel Olivenöl für die Marinade
¼ Teelöffel getrockneter Oregano
schwarzer Pfeffer aus der Mühle
3–4 Lammkoteletts, je nach Grösse
Salz
2 Tomaten
25 g grüne Oliven
2–3 Zweige glattblättrige Petersilie
1 kleine Zwiebel
1 Knoblauchzehe
1–2 Esslöffel Olivenöl für die Sauce

◆ Den Backofen auf 80 Grad vorheizen und eine Platte mitwärmen.
◆ Das Olivenöl, den Oregano und etwas grob gemahlenen Pfeffer verrühren. Die Lammkoteletts damit beidseitig bestreichen und kurz ziehen lassen.
◆ Das von den Lammkoteletts abgetropfte Olivenöl in eine Bratpfanne geben. Die Lammkoteletts salzen. In zwei bis drei Portionen je nach Dicke jeweils 2–3 Minuten braten. Sofort auf die vorgewärmte Platte geben und im 80 Grad heissen Ofen 20–30 Minuten nachgaren lassen.
◆ Die Tomaten kurz in heisses Wasser tauchen, schälen, quer halbieren, entkernen und würfeln.
◆ Die Oliven je nach Grösse halbieren oder vierteln. Die Petersilie fein hacken. Die Zwiebel ebenfalls hacken. Den Knoblauch in dünne Scheibchen schneiden.
◆ Die zweite Portion Olivenöl erhitzen. Zwiebel und Knoblauch darin hellgelb dünsten. Tomaten, Oliven und Petersilie beifügen und alles unter gelegentlichem Rühren 10–15 Minuten dünsten. Die Sauce mit Salz und Pfeffer abschmecken.
◆ Die Sauce zu den Lammkoteletts geben und sofort servieren.

Dazu passt:
◆ Zucchini-Kartoffel-Küchlein (Seite 100)
◆ Zucchini im Bierteig (Seite 102)
◆ Peperoni mit Oliven und Kapern (Seite 103)
◆ Rucolarisotto (Seite 104)
◆ In der Schale gebratene, kleine Kartoffeln
◆ Teigwaren

Zubereitungsart auch geeignet für:
◆ Kaninchenfilets: Die ganzen Filets 3–4 Minuten braten und bei 70 Grad 15–20 Minuten nachgaren lassen.
◆ Pouletbrüstchen: Auf mittlerer Hitze je nach Grösse 5–8 Minuten braten und bei 80 Grad 20–30 Minuten nachgaren lassen.
◆ Kalbsschnitzel: Je nach Dicke 1½–2 Minuten braten und bei 80 Grad 15–20 Minuten nachgaren lassen.
◆ Schweinefleisch: Gut geeignet sind Schnitzel, Steaks, Koteletts und Medaillons aus dem Filet. Brat- und Nachgarzeiten siehe Tabelle Seite 12.
◆ Rindfleisch: Gut geeignet sind Huftschnitzelchen, etwa ½ cm dick geschnitten, Rumpsteaks oder Entrecôte. Brat- und Nachgarzeiten siehe Tabelle Seite 12.

Beilagen

Originell und schnell

Zucchini-Kartoffel-Küchlein

Zucchini-Kartoffel-Küchlein

Für 4 Personen
250 g Kartoffeln
250 g Zucchini
1 grosse Zwiebel
1 Bund Petersilie
50 g Teigwaren- oder Maismehl
2 Esslöffel frisch geriebener Sbrinz oder Parmesan
3 Eier
Salz, Pfeffer aus der Mühle
2–3 Esslöffel Butter
2–3 Esslöffel Olivenöl

Für 1 Person
75 g Kartoffeln
75 g Zucchini
1 kleine Zwiebel
1/4 Bund Petersilie
1–1 1/2 Esslöffel Teigwaren- oder Maismehl
1 Esslöffel frisch geriebener Sbrinz oder Parmesan
1 kleines Ei
Salz, Pfeffer aus der Mühle
1–1 1/2 Esslöffel Butter
1–2 Esslöffel Olivenöl

◆ Die Kartoffeln schälen. Die Zucchini waschen und die Enden abschneiden, die Früchte jedoch nicht schälen. Beide Gemüse an der Röstiraffel reiben. Die Zwiebel und die Petersilie fein hacken. Alle diese Zutaten in eine Schüssel geben, das Mehl darüber stäuben und alles gut mischen.
◆ Käse, Eier, Salz und Pfeffer gut verrühren. Zum Gemüse geben und alles sehr gut mischen.
◆ Die Hälfte der Butter und des Olivenöls in einer beschichteten Bratpfanne erhitzen. Jeweils einen Löffel Gemüsemasse hineingeben und zu einem Küchlein formen. Die Küchlein nicht zu heiss langsam auf der einen Seite braten. Dann wenden, die restliche Butter und das restliche Olivenöl beifügen und die Küchlein auch auf der zweiten Seite goldbraun braten. Die Gesamtbratzeit beträgt etwa 12–15 Minuten.

Tip:
Anstelle von Zucchini kann man auch Karotten verwenden.

Neue Kartoffeln mit Frühlingszwiebeln

Für 4 Personen
500 g möglichst kleine neue Kartoffeln
1 Bund Frühlingszwiebeln
1 ganze junge Knoblauchknolle
1 1/2 Esslöffel Butter
2 Esslöffel Olivenöl
Salz
1/2 Bund frischer oder 1 Teelöffel getrockneter Thymian
2–3 Esslöffel Wasser

Für 1 Person
150 g möglichst kleine, neue Kartoffeln
1 Frühlingszwiebel
4 junge Knoblauchzehen
1/2 Esslöffel Butter
1 Esslöffel Olivenöl
Salz
einige Zweige frischer oder 1/4 Teelöffel getrockneter Thymian
1–2 Esslöffel Wasser

◆ Die Kartoffeln unter fliessendem Wasser bürsten, jedoch nicht schälen. Von den Frühlingszwiebeln nur das dunkle Grün wegschneiden, den Rest der Röhrchen mitverwenden. Die Zwiebeln je nach Grösse der Länge nach halbieren oder vierteln. Den Knoblauch in Zehen teilen und diese, wenn nötig, schälen (je nach Alter des Knoblauchs).
◆ In einer beschichteten Bratpfanne die Butter und das Olivenöl erhitzen. Kartoffeln und Frühlingszwiebeln beifügen. Offen auf mittlerer Hitze unter gelegentlichem Durchrütteln gut 5 Minuten braten.
◆ Die Knoblauchzehen beifügen, die Hitze reduzieren und alles leicht salzen. 5 Minuten weiterbraten.
◆ Die Thymianblättchen von den Zweigen zupfen. Über die Kartoffeln streuen. Das Wasser beifügen und die Pfanne zudecken. Alles nochmals 10–15 Minuten dünsten, bis die Kartoffeln weich sind.

Tip:
Frischer, junger Knoblauch ist wesentlich milder im Aroma als die normalerweise erhältlichen, getrockneten Zehen. Wichtig: Knoblauch darf nie zu heiss gebraten werden, sonst schmeckt er bitter.

Frühlingsgemüse

Für 4 Personen
150 g frische oder 15 g getrocknete Morcheln
200 g Karotten
2 zarte Kohlrabi
8–12 kleine Frühlingszwiebeln
25 g Butter
Salz, schwarzer Pfeffer aus der Mühle

Für 1 Person
50 g frische oder 5 g getrocknete Morcheln
2 kleine Karotten
1 kleiner Kohlrabi
2–3 kleine Frühlingszwiebeln
1 Esslöffel Butter
Salz, schwarzer Pfeffer aus der Mühle

◆ Frische Morcheln rüsten und kurz unter fliessendem kaltem Wasser spülen. Je nach Grösse eventuell halbieren. Getrocknete Pilze mindestens 20 Minuten, besser aber länger in lauwarmer Milch oder in Wasser einweichen. Anschliessend unter kaltem Wasser gründlich spülen und, wenn nötig, halbieren.
◆ Inzwischen Karotten und Kohlrabi schälen und in Stifte schneiden. Beide Gemüse in wenig Salzwasser knapp weich kochen. Abschütten und gut abtropfen lassen.
◆ Während das Gemüse kocht, die Frühlingszwiebeln rüsten, dabei den zarten Teil der Röhrchen stehen lassen.
◆ Die Butter schmelzen. Frühlingszwiebeln und Morcheln beifügen und unter Wenden 5 Minuten dünsten. Falls nötig 1–2 Esslöffel Wasser beifügen.
◆ Die Karotten und Kohlrabi beifügen. Das Frühlingsgemüse weitere 5 Minuten dünsten. Mit Salz und Pfeffer abschmecken.

Gebratene Spargeln

Für 4 Personen
500 g grüne Spargeln
1 Schalotte
1 Knoblauchzehe
5 Esslöffel Olivenöl
Salz
2 Esslöffel Balsamicoessig
schwarzer Pfeffer aus der Mühle

Für 1 Person
150 g grüne Spargeln
1 kleine Schalotte
1 kleine Knoblauchzehe
2 Esslöffel Olivenöl
Salz
2 Teelöffel Balsamicoessig
schwarzer Pfeffer aus der Mühle

◆ Die Spargeln kurz waschen. Gut ein Drittel der Spargelenden abschneiden; Schälen erübrigt sich bei frischen grünen Spargeln. Dann die Stangen der Länge nach halbieren und schräg in etwa 5 cm lange Stücke schneiden.
◆ Die Schalotte und den Knoblauch sehr fein hacken.
◆ In einer Bratpfanne oder im Wok das Olivenöl erhitzen. Die Spargeln beifügen, leicht salzen und unter häufigem Wenden etwa 5 Minuten braten. Nach der Hälfte der Bratzeit Schalotte und Knoblauch beifügen. Am Schluss die Spargeln mit dem Balsamicoessig und frisch gemahlenem Pfeffer abschmecken.

Tip:
Eine feine Vorspeise wird aus dieser Gemüsebeilage, wenn man die Spargeln auf Tellern anrichtet und mit hauchfein gehobelten Parmesanspänen bestreut. Nach Belieben kann man den gebratenen Spargeln auch noch etwas gehacktes Basilikum beifügen.

Ausgebackene Tomaten

Für 4 Personen
500 g Fleischtomaten
Salz, schwarzer Pfeffer aus der Mühle
80 g Mehl
100 ml Milch
1 Ei
1 Eigelb
Bratbutter oder Olivenöl zum Braten

Für 1 Person
150 g Fleischtomaten
Salz, schwarzer Pfeffer aus der Mühle
1 gehäufter Esslöffel Mehl
2–3 Esslöffel Milch
1 kleines Ei
Bratbutter oder Olivenöl zum Ausbacken

◆ Die Tomaten waschen, den Stielansatz herausschneiden und die Früchte in Schnitze oder dicke Scheiben schneiden. Leicht salzen und pfeffern.
◆ Das Mehl in eine Schüssel sieben. Unter Rühren langsam die Milch dazugiessen. Ei und Eigelb (nur 4-Personen-Portion) untermischen. Den Teig mit Salz und Pfeffer würzen und 10–15 Minuten quellen lassen.
◆ In einer Bratpfanne reichlich Bratbutter oder Olivenöl erhitzen. Die Tomaten mit etwas Küchenpapier trocken tupfen. Dann portionenweise durch den Teig ziehen und golden ausbacken. Auf Küchenpapier gut abtropfen lassen. Wenn nötig, bis zum Servieren im 70–80 Grad heissen Ofen neben dem Fleisch ungedeckt warm stellen.

Zucchini im Bierteig

Für 4 Personen
100 g Mehl
1 Eigelb
1 Esslöffel Olivenöl
ca. 150 ml Bier
Salz, schwarzer Pfeffer aus der Mühle
4 Zucchini
1 Eiweiss
Erdnuss- oder Olivenöl zum Ausbacken

Für 1 Person
50 g Mehl
1 Eigelb
1 Teelöffel Olivenöl
ca. 50 ml Bier
Salz, schwarzer Pfeffer aus der Mühle
1 Zucchini
1 Eiweiss
Erdnuss- oder Olivenöl zum Ausbacken

◆ Das Mehl in eine Schüssel sieben und in der Mitte eine Vertiefung anbringen. Das Eigelb hineingeben und mit dem Olivenöl sowie etwas Bier verrühren. Dann langsam unter Rühren das restliche Bier dazugiessen und alles zu einem glatten, dickflüssigen Teig schlagen. Leicht salzen und pfeffern. Den Teig 10–15 Minuten quellen lassen.
◆ Die Zucchini waschen und mit Küchenpapier trocknen. Die Enden wegschneiden, die Früchte jedoch nicht schälen. In fingerdicke Stängelchen schneiden.
◆ Das Eiweiss mit einer Prise Salz steif schlagen. Den Eischnee unter den Bierteig ziehen. Die Zucchinistängelchen zum Teig geben und 3–4 Minuten darin ziehen lassen.
◆ In eine Bratpfanne etwa 2 cm hoch Öl geben und erhitzen. Die Zucchinistängelchen portionenweise mit einer Gabel aus dem Teig heben und ins heisse Öl geben. Golden ausbacken. Wichtig: Nicht zu viel von den Zucchini auf einmal in die Pfanne geben, sonst kühlt das Öl zu stark ab. Die ausgebackenen Zucchini auf Küchenpapier abtropfen lassen und bis zum Servieren warm stellen.

Peperoni mit Oliven und Kapern

Für 4 Personen
Je 3 gelbe und rote Peperoni (Paprika)
50 ml Olivenöl
50 g schwarze Oliven
2 gehäufte Esslöffel Kapern
Salz, schwarzer Pfeffer aus der Mühle

Für 1 Person
Je 1 gelbe und rote Peperoni (Paprika)
2 Esslöffel Olivenöl
4 schwarze Oliven
1 gehäufter Teelöffel Kapern
Salz, schwarzer Pfeffer aus der Mühle

◆ Die Peperoni halbieren, entkernen und in Streifen schneiden.
◆ Das Olivenöl erhitzen und die Peperoni unter gelegentlichem Wenden etwa 5 Minuten dünsten.
◆ Inzwischen die Oliven, wenn nötig, entsteinen und in Streifen schneiden. Die Kapern kurz unter fliessendem heissem Wasser spülen.
◆ Oliven und Kapern zum Peperonigemüse geben, alles gut mischen und noch 2–3 Minuten dünsten. Das Gemüse mit Salz und frisch gemahlenem Pfeffer würzen.

Tip:
Nach Belieben die Peperoni vor dem Dünsten häuten; dadurch werden sie leichter verdaulich. Dazu die Peperoni auf ein Blech setzen, in die Mitte des auf 220 Grad vorgeheizten Ofens geben und so lange backen, bis die Haut Risse aufweist. Sofort in einen Topf oder einen Plastikbeutel geben, gut verschliessen und 5 Minuten stehen lassen. Danach lässt sich die Haut problemlos abziehen.

Gebratene chinesische Kefen

Für 4 Personen
8 getrocknete oder frische Shiitake-Pilze
500 g Kefen (evtl. auch tiefgekühlt)
2 Esslöffel Erdnussöl
2–3 Esslöffel Sherry oder Reiswein
Salz, Pfeffer
1 Prise Zucker

Für 1 Person
2–3 getrocknete oder frische Shiitake-Pilze
150 g Kefen (evtl. auch tiefgekühlt)
1 Esslöffel Erdnussöl
1 Esslöffel Sherry oder Reiswein
Salz, Pfeffer
1 Prise Zucker

◆ Getrocknete Pilze in warmem Wasser mindestens 15 Minuten, besser aber länger einweichen. Abschütten und die harten Stiele entfernen (auch bei frischen Pilzen), da sie auch bei längerem Kochen zäh bleiben. Die Pilzhüte in Streifen schneiden.
◆ Die Kefen rüsten und waschen.
◆ Das Öl erhitzen. Kefen und Pilze beifügen und unter häufigem Wenden etwa 3 Minuten braten. Dann den Sherry oder Reiswein beifügen und alles weitere 5–6 Minuten braten, bis die Kefen weich sind. Mit Salz, Pfeffer und Zucker abschmecken.

Kleine Wildreisröstis

Für 4 Personen
100 g Langkorn-Wildreis-Mischung
1 kleinere Zwiebel
1 Teelöffel Butter
1 Ei
1 Esslöffel Mehl
Salz, Pfeffer
1–1½ Esslöffel Bratbutter

Für 1 Person
40 g Langkorn-Wildreis-Mischung
½ kleine Zwiebel
½ Teelöffel Butter
1 Eigelb
1 Teelöffel Mehl
Salz, Pfeffer
½ Esslöffel Bratbutter

◆ Reichlich Salzwasser aufkochen. Die Reismischung hineingeben und knapp weich kochen (12–15 Minuten). Abschütten, kurz kalt überbrausen, dann sehr gut abtropfen lassen.
◆ Die Zwiebel sehr fein hacken. In der Butter hellgelb dünsten. Etwas abkühlen lassen.
◆ Ei und Mehl in eine Schüssel geben und zu einer glatten Masse

verrühren. Reis und Zwiebel beifügen, alles gut mischen und mit Salz sowie Pfeffer würzen. Zugedeckt 15 Minuten ruhen lassen.
◆ In einer beschichteten Bratpfanne die Bratbutter erhitzen. Jeweils 1 Esslöffel Reismasse in die Pfanne geben, zu kleinen Küchlein formen und auf mittlerer Hitze beidseitig während insgesamt etwa 5 Minuten braten. Auf Küchenpapier abtropfen lassen und bis zum Servieren im 80 Grad heissen Ofen warm stellen; dabei die Reisröstis nicht zudecken, sonst werden sie weich.

Tip:
Genügend Bratbutter zum Backen der Röstis verwenden, damit diese nicht am Pfannenboden kleben bleiben. Auch Reste von Trockenreis lassen sich auf diese Weise verwerten.

Gemüse-Weizotto

Für 4 Personen
2 kleine Frühlingszwiebeln
2 Karotten
2–3 Stangenselleriestangen
1 Esslöffel Butter
150 g vorgekochter Hartweizen (z.B. Ebly)
100 ml Weisswein
ca. ½ l Hühner- oder Gemüsebouillon
3–4 Esslöffel Rahm

Für 1 Person
1 kleine Frühlingszwiebel
1 kleine Karotte
1 Stangenselleriestange
1 Teelöffel Butter
50 g vorgekochter Hartweizen (z.B. Ebly)
50 ml Weisswein
ca. 150 ml Hühner- oder Gemüsebouillon
1–2 Esslöffel Rahm

◆ Die Frühlingszwiebeln mitsamt schönem Grün hacken. Die Karotten schälen und zuerst der Länge nach in Scheiben, dann diese in Streifen und schliesslich in kleine Würfelchen schneiden. Den Stangensellerie rüsten und ebenfalls klein würfeln.
◆ In einem Topf die Butter schmelzen. Frühlingszwiebeln, Karotten und Stangensellerie darin andünsten. Den Weizen beifügen und kurz mitrösten. Mit dem Weisswein ablöschen und diesen unter Rühren einkochen lassen.
◆ Die Hälfte der Bouillon beifügen. Den Weizen unter häufigem Umrühren auf kleiner Hitze knapp weich kochen; dabei nach und nach die restliche Bouillon beifügen. Wieviel Flüssigkeit man braucht, hängt nicht zuletzt von der gewünschten Bissfestigkeit des Weizottos ab (bissfest oder eher weich).
◆ Inzwischen den Rahm steif schlagen. Am Schluss unter den Weizen mischen und mit Salz sowie Pfeffer abschmecken.

Tip:
Statt Weizen kann man auch Rollgerste verwenden und auf die gleiche Weise zubereiten.
Anstelle der rezeptierten Gemüse kann man auch Peperoni (Paprika), Zucchini, Champignons, Broccoli, Tomaten, Kräuter u.a. verwenden, je nach Zubereitungsart des Fleisches, zu dem der Weizotto serviert wird.

Rucolarisotto

Für 4 Personen
200 g Rucola
2 Esslöffel Olivenöl
200 g Risottoreis (z.B. Carnaroli, Arborio oder Vialone)
100 ml Weisswein
ca. 600 ml Hühner- oder Gemüsebouillon
25 g Butter
4 Esslöffel geriebener Parmesan
Salz, schwarzer Pfeffer aus der Mühle

Für 1 Person
50 g Rucola
1 Esslöffel Olivenöl
50 g Risottoreis (z.B. Carnaroli, Arborio oder Vialone)
50 ml Weisswein
ca. 150 ml Hühner- oder Gemüsebouillon
1 Teelöffel Butter
1 Esslöffel geriebener Parmesan
Salz, schwarzer Pfeffer aus der Mühle

◆ Den Rucola waschen. Tropfnass in einen Topf geben und zugedeckt auf grosser Hitze nur gerade zusammenfallen lassen. In ein Sieb abschütten, gut ausdrücken und grob hacken.
◆ Das Olivenöl erhitzen. Den Reis beifügen und unter Rühren andünsten, bis alle Körner mit einem Fettfilm überzogen sind und leicht knistern.
◆ Den Weisswein dazugiessen. Unter Rühren vollständig einkochen lassen.
◆ Ein Drittel der Bouillon (bei der 1-Personen-Menge gut die Hälfte) dazugiessen und auf kleiner Hitze unter häufigem Rühren fast vollständig einkochen lassen. Dann nach und nach die restliche Bouillon beifügen.
◆ Wenn der Risotto «al dente», d.h. bissfest ist, den Rucola, die Butter, den Parmesan sowie, wenn nötig, noch etwas Bouillon beifügen; der Risotto soll nicht zu trocken sein! Mit Salz und Pfeffer abschmecken. Zugedeckt noch 2 Minuten ausquellen lassen. Dann sofort servieren.

Tip:
Der Risotto kann bis und mit Zugabe des ersten Drittels der Bouillon vorgekocht werden. Beiseite, jedoch nicht in den Kühlschrank stellen. Zum Fertigkochen dann die restliche Flüssigkeit auf einmal zum ausgekühlten Reis geben.

Safrannudeln mit Broccoli und Peperoncino

Für 4 Personen
1 mittelgrosser Kopf Broccoli
Salz
150 g feine Nudeln
1 Peperoncino (italienische Pfefferschote)
3–4 Esslöffel Olivenöl
1 Briefchen Safranpulver

Für 1 Person
1 kleiner Kopf Broccoli
Salz
50 g feine Nudeln
1/3–1/2 Peperoncino (italienische Pfefferschote), je nach gewünschter Schärfe
1–2 Esslöffel Olivenöl
1/2 Briefchen Safranpulver

◆ Den Broccoli waschen und in kleinste Röschen teilen. In wenig Salzwasser oder in einem Siebeinsatz über Dampf knapp weich kochen.
◆ Reichlich Salzwasser aufkochen. Die Nudeln hineingeben und bissfest garen.
◆ Inzwischen den Peperoncino der Länge nach halbieren, entkernen und in feine Streifen, dann diese in kleine Würfelchen schneiden.
◆ Das Olivenöl erhitzen. Den Peperoncino darin andünsten. Den gekochten Broccoli beifügen und kurz mitdünsten.
◆ 2 Esslöffel Nudelkochwasser mit dem Safran verrühren. Die Nudeln abschütten, gut abtropfen lassen, mit dem angerührten Safran sowie dem Broccoligemüse in den Topf zurückgeben und alles gut mischen. Wenn nötig nachwürzen und sofort servieren.

Italienisches Kartoffelpüree

Für 4 Personen
750 g mehlig kochende Kartoffeln
3 Schalotten
2 Knoblauchzehen
25 g Pinienkerne
75 g getrocknete, in Öl eingelegte Tomaten
1 Bund Basilikum
100 ml kaltgepresstes Olivenöl
Salz, schwarzer Pfeffer aus der Mühle

Für 1 Person
250 g mehlig kochende Kartoffeln
1 Schalotte
1 kleine Knoblauchzehe
1 Esslöffel Pinienkerne
25 g getrocknete, in Öl eingelegte Tomaten
2 Zweige Basilikum
3 Esslöffel kaltgepresstes Olivenöl
Salz, schwarzer Pfeffer aus der Mühle

◆ Die Kartoffeln schälen und je nach Grösse halbieren oder vierteln. In Salzwasser oder in einem Siebeinsatz über Dampf weich kochen.
◆ Inzwischen die Schalotten und den Knoblauch schälen und fein hacken.

◆ Die Pinienkerne in einer trockenen Pfanne ohne Fettzugabe leicht rösten.
◆ Die Tomaten auf Küchenpapier abtropfen lassen. Grob hacken.
◆ Die Basilikumblätter von den Zweigen zupfen und in feine Streifchen schneiden.
◆ 2 Esslöffel Olivenöl erhitzen. Schalotten und Knoblauch darin andünsten. Tomaten und Pinienkerne beifügen und kurz mitdünsten. Das restliche Olivenöl dazugiessen und nur noch erwärmen.
◆ Die Kartoffeln abschütten und in den Topf zurückgeben. Auf kleinster Hitze trocken dämpfen. Dann mit dem Kartoffelstampfer oder einer Gabel fein zerdrücken. Die warme Olivenölmischung sowie das Basilikum untermischen. Wichtig: Es soll kein feines, sondern ein relativ rustikales Kartoffelpüree sein! Mit Salz und Pfeffer abschmecken.

Tomaten-Kräuter-Polenta

Für 4 Personen
½ l Milch
½ l Bouillon
200 g Maisgriess
400 g Dosentomaten (Pelati)
1 grosse Zwiebel
4 Esslöffel Olivenöl
½ Bund Petersilie
12 Basilikumblätter
1 kleiner Zweig Rosmarin
Salz, schwarzer Pfeffer aus der Mühle
75 g geriebener Parmesan oder Sbrinz

Für 1 Person
150 ml Milch
100 ml Bouillon
50 g Maisgriess
200 g Dosentomaten (Pelati)
1 kleine Zwiebel
1 Esslöffel Olivenöl
2 Zweige Petersilie
1 Zweig Basilikum
einige frische Rosmarinnadeln
Salz, schwarzer Pfeffer aus der Mühle
2 Esslöffel geriebener Parmesan

◆ Milch und Bouillon zusammen aufkochen. Unter Rühren langsam den Maisgriess einrieseln lassen. Zugedeckt auf kleinster Hitze unter gelegentlichem Umrühren etwa 15 Minuten ausquellen lassen.
◆ Inzwischen die Tomaten in ein Sieb abschütten und gut abtropfen lassen; der Saft wird für dieses Rezept nicht verwendet. Die Tomaten in Stücke schneiden.
◆ Die Zwiebel fein hacken. Im Olivenöl andünsten. Die Tomaten beifügen und zugedeckt 5 Minuten dünsten.
◆ Inzwischen alle Kräuter fein hacken. Zu den Tomaten geben und mit Salz sowie Pfeffer würzen.
◆ Die Tomaten und den Parmesan unter den fertigen Mais mischen. Alles nur noch gut erhitzen. Wichtig: Die Polenta soll eine sehr weiche Konsistenz haben. In eine vorgewärmte Schüssel anrichten.

Rezeptverzeichnis